AF576167

Herstellung und Verlag: BoD - Books on Demand, Norderstedt
ISBN: 978-3-7526-7076-9

Nun ist es soweit...

Es ist eine Tatsache, dass vom Himmel keine Bomben gefallen sind und die Häuser noch alle stehen.

Dass aber ich Mensch 120 Jahre alt wurde und ich immer noch lebe grenzt fast an ein Wunder.

Doch nun ist es soweit:

Gestern war mein 120ste Geburtstag! Vor 50 Jahren hätte ich nicht im Entferntesten gewagt, nur daran zu denken, so alt zu werden.

Nach einigen leichteren Operationen an den Gefäßen in den Beinen, den „Einbau" eines Herzschrittmachers und einer stark nachlassenden Gehirn-, sprich Gedächtnisleistung hatte ich starke Zweifel daran, mein Ziel 100 Jahre alt zu werden, je erreichen zu können.

Dann fing ich an mich mit dem alt werden auseinander zu setzen.

Je intensiver ich recherchierte um so interessanter fand ich das Thema. Die gesammelten Informationen, welche ich nutzen durfte, weckten in mir die

Neugier auf das was das Leben für mich noch oder eben nicht, bereit halten könnte.

Nachdem ich dann, im „jugendlichen" Alter von 70 Jahren, der Vernunft gehorchend auch noch mit dem Rauchen aufgehört hatte, war ich überzeugt den ersten Schritt in ein hohes Alter getan zu haben.

Leider baute mein Körper aber, der mich wohl nicht richtig verstanden hatte, immer mehr ab.

Einige Ärzte und andere Mitmenschen, egal ob sie es hören wollten oder nicht, mussten sich den Satz:"Seitdem ich nicht mehr rauche, geht es mir schlechter als vorher.", anhören. Gott sei Dank hat mir niemand den Rat gegeben doch wieder mit dem Rauchen zu beginnen, aber **geholfen** hat mir in der „schweren" Zeit niemand. Was sollten sie auch machen? Ich konnte auch nicht genau bezeichnen was ich im Detail für Beschwerden hatte. Es war einfach nur ein allgemeines Unwohlsein und Lustlosigkeit irgend etwas zu unternehmen. Ein Arzt meinte nur, dass es bekannte Entzugserscheinungen seien. Das machte mir dann für kurze Zeit Hoffnung.

Dass ich parallel dazu auch noch 12 Kilo zugenommen hatte, empfand ich als die schlimmste Nebenerscheinung.

Das neue Übergewicht machte mir in meinem Bewegungsradius schwer zu schaffen (im wahrsten Sinn des Wortes).

So versuchte ich, zunächst ohne Erfolg, wochenlang dieses Übergewicht wieder los zu werden. Erst nach einer Gewaltdiät gelang es mir und damit stieg auch meine Zuversicht in eine bessere Zukunft. Nun waren die 100 Jahre wieder mein zu erreichendes Ziel.

Wie man nun aber sehen kann bin ich wieder einmal mit 120 Jahren über das Ziel hinaus geschossen. Natürlich geht es mir körperlich nicht mehr so blendend wie vor 50 Jahren, aber was sollen ich und die Ärzteschaft machen?

Aber will ich das auch?

Alter - was ist das eigentlich?

Unter Alter versteht man die Lebenszeit zwischen dem mittleren Erwachsenenalter und dem Tod.

Es zeichnet sich durch Nachlassen der Aktivitäten und einem beginnenden körperlichen Verfall mit nachlassenden Widerstandsfähigkeiten gegen Krankheiten, aus.

Diese Tatsachen werden in allen Gesellschaften anerkannt, aber die Altersbilder sind in verschieden Kulturkreisen unterschiedlich ausgeprägt.

In vielen Kulturen wird das Alter besonders respektiert und ja sogar als idealer Lebensumstand angesehen.

Im alten Athen hingegen wurden alte Mitbewohner vom gesellschaftlichen Leben ausgegrenzt. In Japan existiert seit 1966 ein gesetzlicher Feiertag zu Ehren der alten Menschen.

Eine Ehrung der besonderen Art für die Alten, ist die Einführung der Altersrente. Als erstes Land der Erde war es 1889 das Deutsche Kaiserreich in dem diese finanzielle Ehrung den alten Bürgern zuteil wurde.

Um das Alter sachlich und fachlich exakt zu skizzieren muss man sich darüber klar sein, dass es verschiedenen Betrachtungsweisen unterliegt.

Es sind: Chronologische-, biologische-, juristische-, philosophische-, psychologische-, medizinische-, jurist-ische-, entwicklungspsychologische-, kultur-,anthropologische- sozialgeschichtliche-, soziale-, politische-, und kulturwissenschaftliche Betrachtungs-weisen.

Wie man nun erkennt gibt es genügend Möglichkeiten sich das Alter von den verschiedensten Seiten zu betrachten. Die Wissenschaft, die sich mit diesen Betrachtungsweisen beschäftigt und um eine interdisziplinäre Beschreibung des Alters bemüht ist, nennt sich Gerontologie.

Es liegt aber auch ohne die verschiedenen Betrachtungsformen in der Natur der Sache, dass die Zellen bei uns Menschen und allen anderen Lebewesen ebenfalls, sowie bei den Pflanzen nur eine begrenzte Lebensdauer haben.

Werden in jungen Jahren noch schnell neue Zellen gebildet, ist das im Alter leider anders. Es werden zwar weiterhin Zellen gebildet, aber es dauert um einiges länger und mit geringerer Anzahl.

Im Schnitt können sich wichtige Zellen bis 50 Mal teilen. Danach ist damit in den meisten Fällen Schluss.

Symptomatisch und optisch feststellbar, ja sogar messbar, ist dies bei den meisten Muskelzellen.

Muss ein junger Mensch nach einer Verletzung beispielsweise länger pausieren, ist er aber durch intensives Training wieder schnell auf oder sogar über dem alten Level seiner vorherigen Leistungsfähigkeit.

Ein 60 jähriger, immer noch aktiver Bodybuilder sagte einmal während eines Interviews zu diesem Thema: Er könne trainieren so viel er wolle, aber er habe festgestellt, dass er weder an Gewicht noch am Umfang der Muskeln zunahm.

Er meinte, der einzige Erfolg war, dass er das, was bei ihm an Muskelmasse vorhanden war, länger behielt als nicht Trainierende. Wobei das Training ihm aber immer schwerer fiel.

Irgendwann hat es dann bei ihm „Klick" gemacht und er hat begriffen, dass er „alt" geworden war.

Ab diesem Tag machte er das Training mit diesem Bewusstsein und der für ihn neuen Erkenntnis alt zu sein. Er quälte sich nicht mehr bei seinen Übungen, sondern er hatte wieder Spaß daran.

Eigentlich sollten ja sportliche Aktivitäten auch Spaß machen.

Er brauchte sich und anderen nun nicht mehr zu beweisen, dass er stark aussah und es auch sicherlich immer noch war!

Doch leider beschäftigte ihn nun ein neues Problem: Wohin mit der überschüssigen Haut? Die bildet sich leider nicht zurück! Ich weiß nicht mehr, ob er für dieses Thema eine vernünftige Lösung gefunden hatte.

Ob ihm seine organische Beschaffenheit genauso wichtig war wie sein Erscheinungsbild, konnte leider nicht in Erfahrung gebracht werden.

In unseren Körpern sind schließlich zig Organe deren Zustand nicht so schnell zu erkennen sind wie bei der Haut und der äußeren Muskulatur. Man sollte also nicht vergessen, dass letztlich auch nach und nach die inneren Organe vor „die Hunde" gehen und ggf. ersetzt werden müssen.

Wenn es denn geht!

Ich benutze gerne eine Metaffa und vergleiche einen organischen, also in diesem Fall einen menschlichen, Körper gerne mit einem Pkw (bei einem Schwerathlet mit einem Lkw).

Das Blech ist dabei unser äußeres Erscheinungsbild, also die Haut. Unsere Organe sind die kleinen Aggregate und Maschinchen wie

Benzinpumpe, Lichtmaschine oder Bremskraftverstärker im Auto.

Die Aufgaben der Blut- und Nervenbahnen werden von Benzin-, Wasser-, Öl- und Bremsleitungen, sowie viele, viele Meter Stromkabel übernommen.

Leider ist klar, dass die biologischen Ersatzteile nicht so leicht herzustellen sind, wie die technischen Teile für ein Fahrzeug.

Darf es etwas mehr sein?

Man könnte meinen, dass 120 genug wäre, aber es gibt tatsächlich reichlich Überlegungen ob nicht 140 oder gar 150 Jahre das Ziel sein sollten.

Der Philosoph Sebastian Knell, vom Institut für Wirtschaft und Ethik der Uni Bonn, warnt aber nicht unbegründet in einem Interview im „Stern" vor den Nebenwirkungen.

„Offensichtlich werden sehr früh die Überbevölkerung, die damit verbundenen Versorgungsproblemen und die soziale Ungleichheit spürbar sein."

Nichts des so Trotz forschen Unternehmen, wie sie das Leben der Menschen mit Hilfe der Medizin, der Genetik und der Elektrotechnik um ein Viertel oder gar ein Drittel verlängern könnten.

So versucht man den Wunsch, die Zeit des Lebens zu verlängern und dem körperlichen Zell-Abbau entgegen zu wirken, in die Realität umzusetzen. Etwas, das in meinen Augen durchaus ein lohnendes Ziel sein kann.

Während ich das Buch „Der betrogene Patient" las, wurde mir bewusst, dass es nicht immer so sehr erstrebenswert ist, das Leben im **Alter** zu verlängern.

Es erscheint sinnvoller, die gesunde Lebenszeit zwischen Dreißig und Vierzig Jahren, eine Zeit also, in der Krankheitsfälle noch deutlich seltener sind, um 25% bis 30% der herrschenden, durchschnittlichen Lebenserwartung, zu verlängern. Dass daraus ein hohes Rentenalter resultiert,ist ein guter Nebeneffekt. Voraus gesetzt, man ist bei guter Gesundheit.

Walter Willems veröffentlichte im Oktober 2019 im Internet einen Artikel, der das alt werden zu Thema hatte.

Darin schreibt er, dass heute bei den geborene Babys jedes 2. in den reichen Ländern eine Lebenserwartung von 100 Jahren und länger haben. In den Industrieländern steigen die Lebenserwartungen mit einem rasanten Tempo. Demnach würden auch immer mehr hochbetagte Menschen ihren Lebensabend bei guter Gesundheit genießen können. In den letzten 50 Jahren ist die Lebenserwartung um 30 Jahre gestiegen.

Dauert der Trend länger zu leben an, so werden die meisten der im Jahr 2000 geborenen Kinder mindestens 100 Jahre alt werden.

Später geborene werden dementsprechend älter.

Wissenschaftler halten eine Drosselung dieser Änderung für unwahrscheinlich. Der Anstieg der Lebenserwartung in den letzten 165 Jahren deutet nicht auf ein Limit der menschlichen Lebensspanne hin.

Außerdem glauben Forscher, dass die

Menschen auch noch im hohen Alter gesünder sind und sich eher selber versorgen können als noch im Jahr 2020.

Der US-Forscher Suzman erwartete wegen der zunehmenden Lebenserwartung radikale Veränderungen in der Gesellschaft. Wahrscheinlich würde sich das Rentenalter weiter nach hinter verschieben. Er mahnte damals schon, dass darüber nachgedacht werden sollte. Eine alternde Bevölkerung ist natürlich über eine längere Zeit eine Finanzielle Belastung für die arbeitenden Generationen.

Nun bleibt zu überlegen, wie man einen gesunden, immerhin schon Renten fähigen Menschen dazu bringt, seine Arbeitsfähigkeit länger zu erhalten?

Nicht jeder möchte bis in ein Alter von 90 Jahren arbeiten.

Es wäre so zwar rentenwirksam, aber kann man dennoch lebensfroh bis in die 90er Lebensjahre gesund am aktiven Arbeitsleben teilhaben?

Wenn man dann mit 100 Jahren

allmählich mit Krankheiten Bekanntschaften macht, ist das immer noch früh genug um die letzten 20-30 Jahre seinem Ende entgegen zu sehen?

Diese längere Lebensarbeitszeit wiederum würde der sozialen Unzufriedenheit der jüngeren Generationen entgegen wirken, die Angst um ihren späteren Rentenzahlungen haben. Es würde ja länger in die Rentenkassen eingezahlt, also wäre auch mehr Kapital vorhanden.

Somit könnte dieses Thema endlich ad acta gelegt werden.

Als ich vor einigen Jahren das Buch „Zwischen Jugend und Alter" schrieb wusste ich noch nicht, wie sehr mich das Thema „Alter" in seinen Klauen halten würde.

Ich hatte angenommen, dass ich nach der Fertigstellung des Buches mit dem Problem des Älterwerdens abgeschlossen hätte.

Doch weit gefehlt.

Ich hatte damals bewusst Themen ausgeklammert, welche sich mit

Krankheiten beschäftigten.

Doch wer sich mit dem Gedanken, wie wohl das Leben im Alter sein werde, die Gesundheit bzw. Krankheiten ausklammert, begeht eine irreale Betrachtungsweise.

Selbst jemand, der wie durch ein Wunder von vielen gesundheitlichen Beeinträchtigungen verschont geblieben ist, wird am Ende seines Lebens feststellen, dass ihm irgend etwas fehlt - Die noch verbleibende Zeit und besonders in den letzten Jahren - die Gesundheit!

3D-Drucker und Ersatzteile

Schon jetzt werden Menschen immer älter - und immer mehr werden Gewebe, Gelenke ja sogar Organe benötigt um sie gegen defekte oder kranke einzutauschen.

Die Technik ist dabei schon ziemlich weit entwickelt. Künstliche Gelenke, mit 3D-Druckern hergestellt, sind schon seit Jahren erfolgreich im Einsatz.

Jährlich werden in Deutschland etwa

Hundertsechzigtausend künstliche Gelenke eingesetzt. Da diese aber quasi „von der Stange" kommen, also nicht aus einem 3D-Drucker, sind sie häufig natürlich nicht passgenau. Somit sind Einbußen in der Funktion schon vorprogrammiert. Oder es muss mehr Knochensubstanz entfernt werden als eigentlich nötig.

Seit ca 40 Jahren wird jedes dritte Kniegelenk in der Orthopädischem Klinik im Klinikum Dortmund künstlich am 3D-Drucker erstellt. Diese speziell für die Patienten angefertigte Kniegelenke können dann passgenau eingesetzt werden, was für die Patienten natürlich besser ist. Der Wermutstropfen hierbei war leider der Preis - 1.000 € Mehrkosten schien den Krankenkassen einfach zu hoch zu sein. Wenngleich dafür aber die Folgekosten wie Krankenhausaufenthalt-Kosten und die Kosten für eine Rehabilitation deutlich geringer wurden.

Aber am Ende erkannten sie doch, dass sich 3D-Gelenke im Verlauf der Zeit doch als kostengünstiger herausstellten. Es gab deutlich weniger Beanstandungen der Patienten und somit verursachten sie auch weniger Kosten in der Nutzungszeit.

3D-Drucker sind somit hierbei und in vielen anderen Fällen eine hilfreiche und unterstützende Erfindung. Sie haben die medizinische Entwicklung im Bereich der Implantat-Medizintechnik in einem hohen Maß positiv verändert.

3D-Drucker sind für den Nachbau passgenauer körperlicher Elemente und ggf. in jeglicher Anzahl von großem Nutzen. Besonders bei orthopädischen Operationen finden diese mit 3D-Druckern hergestellte Implantate ein bedeutendes Einsatzgebiet.

Zumal Maße millimetergenau eingehalten und für den jeweiligen Patienten angepasst werden können.

Aber neue Gelenke sind nur ein medizinischer Teil in den die moderne Medizin mit den 3D-Druckern Einzug gehalten und sehr verändert hat.

Computer, elektronisch gesteuerte Antriebstechniken und moderne Kunststoffe ermöglichen gut funktionierende Gliedmaße und Gelenke. Ja selbst die Funktionen von Organen können von der Technik lebensrettend oder Leben verlängernd eingesetzt werden. Denken wir nur an zwei allerseits bekannten Einsatzgebiete: Kunstherze und Schrittmacher, Ersatznieren statt Dialyse im Krankenhaus.

Organe herstellen - geht das?

Da die Bereitschaft zur Organspende nicht nur in Deutschland, nicht zu Letzt wegen mancher mafiösen Machenschaften mit der Organspende, abgenommen hat, kommen den künstlich hergestellten Organen eine immer größere Bedeutung bei.

Die Deutsche Stiftung Organtransplantation teilte, schon 2018 mit, dass fast 30 000 Spender nach ihrem Ableben ihre Organe erfolgreich als Spende zur Verfügung gestellt haben. Denn noch warten weiterhin 12 000 schwer kranke Menschen auf die jeweils passenden Organe.

Wir Menschen bestehen aus verschiedenen Organen, Geweben in Haut und Sehnen, und somit aus Billionen von Zellen mit Größen von 10 bis 100

Mikrometern. Um einmal zu verdeutlichen wie groß diese Zellen sind: Stellen Sie sich ein Maßband von 1 Meter Länge vor und darauf einen Millionstel Teil eines Meters ist ein Mikrometer. Mit bloßem Auge sind Zellen also nicht mehr zu sehen. Etwa 200 verschiedene Zellsorten mit unterschiedlichsten Aufgaben bilden unsere Körper. Man kann sich vorstellen wie schwierig es sein muss, die richtigen Zellen an die richtigen Stellen, z.B. ein im 3D-Drucker gefertigtes Gerüst, für beispielsweise eine Herzklappe, zu bringen.

In einem Organ, wie das Herz, spielt die Versorgung mit Blut eine wichtige Rolle. Bei einem 3D-Druck dürfen die Abstände zwischen den Zellen, die später ein Blutgefäß bilden sollen, nicht größer als einige wenige 100 Mikrometer sein. Sollten die Abstände größer sein, können Nährstoffe und vor allem Sauerstoff die Strecke nicht überwinden und die Zellen verhungern.

Im menschlichen Körper regelt die Natur mit einem System super dünner Kapillar-äderchen das Problem selbstständig.

Im Labor scheint es ein unlösbares Problem zu sein.

Bei der Entwicklung kompletter künstlicher Implantaten, für innere Organe, die sich noch in der Erforschung zur Alltagstauglichkeit befinden, gibt es noch eine Menge Hürden. Für die medizinische Forschung gilt es diese Hürden zu überwinden, was aber unter Umständen noch Jahre dauern kann. Kapillare Blutgefäße bilden dabei ein großes Feld der Schwierigkeiten.

Als medizinisch machbar muss sich die Überwindung der oft zu großen Entfernungen zwischen den Zellen in künstlich gezüchteten Implantaten erweisen.

Wenn aber die Abstände ok sind, und die Zellen im richtigen Abstand auf dem Gerüst platziert wurden, formen sich dabei kapillar artige Kanäle. Ein Vorgang wie im Körper.

Wie dieser Vorgang zu Stande kommt und wie das Zusammenspiel der Zellarten funktioniert, überstieg das Können der Wissenschaftler lange Zeit bei weitem. Es wurde nur ansatzweise verstanden. Sicher war aber, dass die Bildung von

Blutgefäßen und der Bildung von Blut schlicht und einfach Hand in Hand geschieht.

Immerhin sind an diesen Vorgängen 20 verschiedene Wachstumsfaktoren und mehr als 30 „Gegenspieler" beteiligt.

Bei einer Rekonstruktion im **Tissue Engineering*** **(TE)** (engl), in identischer Form, ist die technische Zukunft vielversprechender.

(*Tissue Engineering steht für Gewebekonstruktion bzw. Gewebezüchtung) ist der Überbegriff für die künstliche Herstellung biologischer Gewebe durch die gerichtete Kultivierung von Zellen, um damit kranke Gewebe bei einem Patienten zu ersetzen oder zu regenerieren.

(Wikipedia)**)**

In kürzester Zeit können aus den richtigen Zellen der Erkrankten neue Organe geschaffen werden.

Da diese Implantate die DNA des Patienten tragen, werden sie nicht vom Körper abgestoßen.

Das **TE** ließ alle hoffen, die lange auf ein Spenderorgan warteten, dass die Bio-Technik ihnen bald ein gesundes Organ zur Verfügung stellen könnte.

Aber Zellhäute, die sich zu weit von Blutgefäßen befanden und der kritische Micromillimeter Abstand nicht überwunden werden konnte, waren leider wenig hilfreich.

Das **Tissue Engineering*** befindet sich nun aber schon lange nicht mehr im Bereich der Grundlagenforschung. Sodass die Wissenschaft guter Hoffnung ist, nach vielen Jahren erfolgloser Versuche es dann doch schafft Organe wachsen lassen zu können.

Technik im Körper

Ein viel erwähntes und schon viele Jahre im Einsatz befindliches „Hilfsorgan" ist der Herzschrittmacher (HSM).

Den ersten HSM erhielt 1958 der Schwede Arne Larson. Bis heute hat sich als den letzten Stand der Technik ein Herzschrittmacher mit Atombatterie bewährt.

Diese Batterien sind klein, langlebig

und wartungsfrei.

In Russland hatten Forscher eine Möglichkeit gefunden, wie sie ohne gefährliche Gammastrahlung die Laufzeit von Herzschrittmachern um ein vielfaches verlängern konnten.

Die Idee eines atomgetriebenen Herzschrittmachers ist keine neue, denn schon in der Mitte der 1970er Jahren wurden atomgetriebene Herzschrittmachern bei einigen Patienten in den USA, aber auch in Deutschland eingepflanzt worden.

Damals hat es aber Probleme mit der Größe, der Lebensdauer und der Abschirmung gegeben.

Das ist hier anders, denn alle Probleme von damals gehören mittlerweile der Vergangenheit an.

Das künstliche Isotop Ni-63 hat eine Halbwertzeit von 100 Jahren und zerfällt in eine „sanfte Beta-Strahlung ohne schädliche Gamma-Strahlung". Somit ist es für den Einsatz in der Medizin geeignet.

Als Abschirmung reicht laut dem Bundesamt für Strahlenschutz (BfS)eine einfache Plastikverpackung.

Für die, welche sich mit Religionen oder Ethik beschäftigen und über zu viel Eingriff in die Natur negativ nachdenken, sind hier weitere Punkte die ihre Berücksichtigung finden müssten. (oder auch nicht.)

Die religiösen werden sicherlich argumentieren, dass eine künstliche Verlängerung des Lebens nicht von Gott oder Allah oder sonst einem Wesen gewollt sei und somit verflucht ist.

Die Ethiker werden sicherlich ebenfalls irgend einen Grund finden, um gegen eine künstliche Verlängerung des Lebens zu sein. Ich sehe keinen!

Bei der Recherche zu diesem Buch konnte ich im Internet in Erfahrung bringen, dass es schon in dem Jahre 1797 Überlegungen eines Ch. W. Hufeland gab, bei denen er sich mit der Verlängerung des menschlichen Lebens beschäftigte. Er veröffentlichte seine Überlegungen in einem Buch das in Jena erschienen ist. Später stieg er zum Leibarzt der königlichen-preußischen Familie und danach zum Dekan der Humboldt-Universität auf.

Sein Leben zu verlängern ist also kein neuer Wunsch heute lebender Menschen.

Im jugendlichen Alter von etwa 25 Jahren, also in den Neunzehnhundert-Siebzigern des Zwanzigsten-Jahrhundert fiel mir ein Buch in die Hände mit dem Titel

„Das Selbstmordprogramm".

Es handelte davon, dass wir schon damals dabei waren unsere Erde zu zerstören und uns so unserer Lebensgrundlage zu berauben.

Nach der Hälfte der Informationen aus dem Buch musste ich es weglegen. Mir war damals schon die Lust, länger als unbedingt nötig zu leben, vergangen, sollten diese Vorhersagen über die Umweltverschmutzungen wirklich eintreffen.

Heute ist es tatsächlich so oder noch schlimmer geworden.

Ich hatte mich zuvor noch nie mit diesem Thema auseinandergesetzt, da dieses Thema zur damaligen Zeit leider auch nur selten ein Gesprächsstoff war.

Mittlerweile hat sich ja, Gott sei Dank, bei diesem Thema durch Demonstrationen und umdenken in der Welt schon einiges zum besseren verändert.

Dennoch sind etliche der negativen Visionen des Autors heute in vielen Teilen der Erde leider immer noch Realität.

Denken wir nur an die Verschmutzungen dieser schönen blauen Erde. Die katastrophalen Abholzungen der Urwälder in Südamerika und Asien sind weitere, die Erde vernichtende, Aktivitäten.

Gott sei Dank ist man in Russland bezüglich der Wälder in Sibirien noch nicht auf diese Idee gekommen.

Aber dass wir eine bessere Umwelt bekommen, und somit die Grundlage für ein langes Leben zu schaffen, davon sind wir noch weit, sehr weit entfernt.

Obwohl - Die Welt wird zwar immer noch reichlich verschmutzt, doch das Thema wird heute ernster genommen und bekämpft. Aber durch eine Lebensführung wie sie schon damals Ch. W. Hufeland propagiert hat, kann jeder einiges für sein längeres Leben in nicht unerheblichem Umfang machen.

Das Buch: ***Die Kunst möglich lange zu leben*** von Dr. med. Gerd Reuther ist eine auf Wissenschaft basierende Antwort auf die Fragen, worauf es im Verhältnis zur Medizin eigentlich ankommt.

Dr. Reuther ist ebenfalls der erfolgreiche Autor eines Bestsellers. Mit dem Titel:

„***Der betrogene Patient***."

Themen die mich aber heute eher an ein ungewöhnlich langes Leben glauben lassen, liegen im technischen Fortschritt und des verbessertem Umweltbewusstseins der Industrie und der Bevölkerung.

Aber vielleicht geschieht auf der anderen Seite der Medaille, im Gesundheitswesen, eine andere Übertreibung.

Kann es nicht sein, dass von den Regierungen Menschen mit einem Alter von 120 Jahren und lälter vielleicht gar nicht erwünscht sind?

Zum Einen müssen immer mehr Menschen ernährt, und medizinisch versorgt werden. Renten müssen deutlich länger gezahlt werden und ältere Menschen werden ja nicht automatisch weniger krank, sondern, wenn, dann öfter und ggf. sogar noch länger. Das kostet nur mehr Geld. Geld, welches nicht vorhanden ist, denn nachfolgende Generationen können und wollen verständlicherweise die Zunahme der Heilungskosten nicht mehr aufbringen.

Von einem Politiker ist ja Ende der 2010er Jahre schon die Frage aufgeworfen worden, ob einer 68 jähr-igen Person noch ein neues Hüftgelenk zur Verfügung gestellt werden soll.

Diese dumme wie damals noch verantwortungslose Frage eines führenden Politikers wird heute wohl nicht mehr gestellt.

Denn alternativ sind die Krankenkassen

auf die Idee kommen, von verstorbenen Patienten mit Gelenkprothesen, diese wieder „auszubauen“ und einem anderem Patienten, ggf. neu angepasst und generalüberholt, wieder einzusetzen. Was natürlich die Kosten gewaltig senkt.

Damit war ja dem dem Versorgungsauftrag genüge getan, und alle waren zufrieden.

Schon einmal genutzte Gelenke, mit einer Nutzungszeit und Verschleißerscheinungen von unter 50% der statistischen Nutzungsdauer, gelten nun die Güteklassen 1-4. Wobei die Güteklassen von 1 (Neu) bis 4 (Gebraucht oder Ausschuss) in noch 3 weitere Klassen in 0,5er Schritten eingeteilt wurden.

Sollten keine gebrauchten Teile zur Verfügung stehen, müssen zu Lasten der Allgemeinheit Neuteile genutzt werden.

Gutsituierte Menschen, also Privatpatienten oder privatversicherte sind dann die einzigen, die sich problemlos neue Teile einsetzen lassen können. Im Prinzip ist ja nichts dagegen zu sagen, außer eventuell, dass es ungerecht ist, aber die 2 Klassen-Medizin ist immer noch nicht abgeschafft worden.

Nieren, Herzen, Drüsen, wer weiß welche Organe oder Nervenstränge schon heute hergestellt werden können, aber sicherlich nicht zu den wiederverwertbaren Dingen gehören. Aber sicherlich jede Art von Gelenken. Vielleicht wird, oder ist schon, ein Plastikstoff erfunden, der es auch bei diese Organen ermöglicht sie zu reinigen und erneut einzusetzen.

Die Idee finde ich ausbaufähig, aber neue Organe wird dann ebenfalls nur noch jemand bekommen, der ein sehr hohes Alter erreichen möchte und über genügend Geld verfügt.

Als mir mit Siebzig Jahren bewusst wurde, dass ich mich leider auf dem „absteigenden Ast", wie man sagt, befand, konnte ich nach einigen leichten Operationen meinem geliebten Hobby dem Fußballspielen nicht mehr nach gehen.

Als ich nach der erste Op an einem Bein mit dem Training beginn wollte, waren an anderen Stellen und auch nacheinander weitere Op´s erforderlich. Danach war meine körperliche Fitness und Verfassung so weit unten, dass ich nur allmählich wieder zu Kräften kam, aber es nie mehr zum Fußballspielen gereicht hätte.

Was meinte der 60jährige Bodybuilder vor einigen Seiten? „ES IST VERDAMMT SCHWER!"

Wie wir ja nun wissen, ist es eine schwierige bis unmögliche Sache ohne unterstützende Apparaturen, einzig durch Training, die notwendige Fitness zu erreichen.

Ich weiß, dass ich nie mehr vernünftig Fußball spielen werde.

Obwohl - Es gibt bestimmt auch genügend ehemalige Mitspieler, die mit Recht behaupten dürfen, dass ich das auch früher schon nicht vernünftig spielen konnte.

Es stimmt: Ich war fußballverrückt und habe immer sehr gerne gegen den Ball getreten. Leider hatte ich kein besonderes Talent dribbeln zu lernen -

dazu hatte ich keine Lust. Ich konnte immer das was mir an Technik fehlte, mit meiner Laufarbeit wett machen.

Damals habe ich einmal während eines Spieles zu einem Mitspieler, der über meine Laufarbeit eine lobende Bemerkung machte, gesagt:„Wenn ich nicht mehr laufen kann, ist mein Leben zu Ende."

Ich meinte nicht, dass ich tot sein würde, obwohl ich mich manches Mal so fühle.

Aber ich bin sicher, dass es nicht nur daran liegt, dass ich nicht mehr Fußball spielen kann, sondern dass meine negative Stimmung aus dem Bewusstsein entstanden ist, dass mein Leben schneller zu Ende geht, als mir lieb ist.

Ich wusste ja, dass der Zeitpunk kommen würde, aber dass er für mich so schnell da sein würde, hatte ich nicht erwartet. Das machte mir doch sehr zu schaffen.

Leider ist die Medizin noch nicht in der Lage, mir aus meiner misslichen Situation zu helfen.

Andere wären froh, wenn sie nur ihr

hohes Alter als Problem hätten.

Sicherlich werden Leute die mich nicht verstehen sagen:*„Was will der alte Sack eigentlich? Der soll sich lieber auf´s sterben vorbereiten!*"

Natürlich könnte ich das machen, aber ich will das nicht! Ich bin sicher, das mir alles andere viel mehr Spaß macht.

Wenn Ärzte beim Alt werden nicht „mitspielen"

Nun stellt sich mir die Frage, wie kann mir die Medizin helfen, dass das oben beschriebene Ende noch lange auf sich warten lässt? Eine grundsätzliche Frage stellt sich aber in diesem Zusammenhang:

„Ärztepfusch" und alt werden - wie passt das zusammen? Ich möchte nicht wissen, wie hoch die Zahl der Ärzte ist, die keine Lust haben uns Alten wirklich bei Krankheiten zu helfen.

Auch wenn ein gesundheitliches Problem aus medizinischer Sicht vielleicht ein „Witz" sein mag, so sollte ein Arzt erkennen, dass es für den Alten um sehr kostbare Zeit, die er oder sie noch haben, geht.

Wenn ein Arzt im Gespräch einem ängstlichen und zu psychosomatischen Krankheiten neigenden Patienten die Sorgen einer aufkeimenden Krankheit nehmen kann, hat er den „Kranken" schon geheilt und einen Menschen glücklicher gemacht.

Leider muss man als Patient schon lange suchen, um die richtigen Fachärzte zu finden. Wie heißt es im Frauenjargon?: „Man muss viele Frösche küssen, um einen Prinzen zu finden!"

Diese Weisheit entspringt dem Märchen „Der Froschkönig", aber da ist leider viel wahres dran.

Mir fallen da folgende Fehlverhalten und Falschdiagnosen von Ärzten ein die mich seit meiner späten Jugend, und vermehrt in meinem älter werden, begleiten und nun im Alter häufig untergekommen sind.

In den letzten sechs Monaten ist mir

dieses Phänomen extrem oft begegnet.

Es fing etwa vor 90 Jahren damit an, dass meiner Schwester im Alter von etwa dreißig Jahren fälschlich kranke Nieren attestiert und diesbezüglich auch erfolglos behandelt wurden. Als es aber zu spät für eine erfolgreiche richtige Behandlung war, stellte sich die Nierenentzündung als Gebärmutterkrebs heraus.

Der letztlich, viel zu früh, zu ihrem Tod führte.

Bei mir wurde während meiner Bundeswehrzeit von einem Stabsarzt eine Mandelentzündung festgestellt. Als ich den Arzt davon in Kenntnis setzte, dass mir schon als Kind die Mandeln entfernt worden sind, hörte ich von ihm: „So? Dann schau ich noch einmal." Nach einem erneuten Blick in meinen Rachen, erneuerte er seinen Befund in eine allgemeine Halsentzündung.

Dann hatte ich, abgesehen von einigen Sport- und Arbeitsverletzungen bis in das Alter von Einundfünfzig Jahren, als bei mir ein Hüftgelenk erneuert wurde, kaum etwas mit Medizinern zu tun. Erst als ich Rentner geworden war häuften sich bei mir die Arztbesuche.

Besonders gravierend fand ich die notwendigen Begegnungen mit Fachmedizinern:

Mit gerade mal 70 Jahren bekam ich Wadenschmerzen und meine Angst vor einer Thrombose ließ mich in die Gefäßchirurgische-Ambulanz eines Krankenhauses fahren. Der „Fachmann" war nach einer Ultraschalluntersuchung sicher, dass es sich nicht um eine Thrombose handelte. Am Tag darauf, ein Mittwoch, musste ich nachmittags die Notaufnahme eines anderen Krankenhauses wegen anhaltender Schmerzen aufsuchen. Es war ein Mittwoch und ich hatte bis zum Nachmittag mit meiner Entscheidung zum Arzt zu gehen gewartet, die Notaufnahme eines anderen Krankenhauses wegen der anhaltenden Schmerzen aufsuchen.

Eine junge ausländische Ärztin, die offensichtlich mit der deutschen Sprache Probleme hatte, verstand mich nicht und schickte mich erst einmal zum Röntgen.

Nach Ansicht der Bilder schlug sie mir heftig auf das Schienbein(!) und fragte ob das weh tue.

Es tat natürlich weh. Mein Schienbein ist ja nicht aus Eisen! Der Wade, die natürlich immer noch schmerzte schenkte sie keinen Blick. Daraufhin meinte sie nur, sie könne nichts für mich tun, auf dem Röntgenbild sei nichts zu erkennen. Und das, obwohl ich immer wieder versuchte sie darauf aufmerksam zu machen, dass meine Schmerzen in der Wade waren. Was sie aber scheinbar nicht verstand.

Bei mir entstand der Eindruck, sie hielt mich für zu blöd, als dass ich ihren Befund verstehen würde.

Als am folgenden Tag das Bein angeschwollen war, fuhr ich zu einem niedergelassenen Gefäßchirurg der mich sofort in ein 3. sehr nahes Krankenhaus überwies.

Dort wurde ich sofort als Notfall aufgenommen und behandelt.

Zwei Jahre später, inzwischen waren meine Frau und ich in eine andere Stadt gezogen, setzen sich die falschen bis keine

Untersuchungsbefunde weiter fort.

Der erste Arzt sprach mit mir über meine Blutwerte und drei Sätze später meinte er, dass wir erst mal eine Blutentnahme, um meine Blutwerte zu erfahren, machen sollten.

Als ich ihn darauf aufmerksam machte, dass er soeben die Werte zur Hand hatte, überging er dies mit einem verständnislosem Kopfschütteln. Das war natürlich mein letzter Besuch bei ihm.

Eine Abnahme meiner Gehirnleistung und neurologische Defizite gibt es zu vermelden.

Natürlich mit ärztlichen Kommentaren.

Ich weigere mich sie Befunde zu nennen.

Ein Neurologe, verschrieb mir ein sehr starkes Schmerzmittel gegen stechende neurologische Schmerzen in den Beinen.

Dass ich diese nicht nehmen durfte weil sie sich mit zwei meiner anderen Tablettenarten nicht vertrugen, ja sogar verboten waren einzunehmen, schien diesen „Fachmann“ nicht zu interessieren.

Ich hätte damals schon tot oder zumindest schwer geschädigt sein können!!!!

Ein anderer Facharzt, ebenfalls Neurologe, erkundigte sich nicht nach meiner medizinischen / gesundheitlichen Vorgeschichte und meinte ich hätte eine verminderte Merkfähigkeit. Das wusste ich schon vor seiner „Untersuchung“. Deswegen war ich ja schließlich bei ihm.

Leider hatte ich die CD mit Aufnahmen meines Hirns nicht mitgenommen. So wie er meinte war aber der Bericht des Radiologen vollkommen ausreichend.

Seine „Medizin“ war der Rat: Rätsel raten und viel lesen! Von Einfühlsamkeit und Trost keine Spur!

Keine Erklärung woher man diese Minderleistung bekommt und ob das ein Dauerzustand im Gehirn ist und ob es Medikamente zur Rückgestaltung gibt.

Ich habe zufällig bei meiner Recherche zu diesem Buch erfahren, dass immer öfter bei älteren Menschen ab 65 Jahren, durch Vollnarkosen verursachte Hirnschädigungen festgestellt wurden. Nur bei der Hälfte der Fälle soll sich dieser Schaden aber wieder regenerieren.

Ich hatte das Pech im Verlauf eines Jahres 3x in eine Vollnarkose zu müssen. Es machte sich aber deutlich bemerkbar, dass die Belastungsgrenze des Gehirns immer niedriger wurde.

Gott sei Dank konnte ich einiges tatsächlich wieder durch Gehirnjogging und eine „Zettelwirtschaft" von der verlorengegangenen Leistungsfähigkeit zurück gewinnen und kompensieren.

Ich weiß von anderer Quelle, dass Kreativität die Gehirnaktivität verbessert.

Also bin ich kreativ und schreibe dieses Buch.

Hoffentlich bin ich damit fertig, bevor mich die Demenz voll im Griff hat.

Erinnerungslücken, Schläfrigkeit, Verlangsamungen und Orientierungsstörungen gehörten schon bei Beginn meiner Siebzigern zu meinen Begleitern.

Nun ist es genug mit der persönlichen Kritik.

Worauf kommt es eigentlich an?

Um an ein Leben mit technischen und chemisch hergestellten „Ersatzteilen" zu denken, oder gar damit den Alltag zu bewältigen, kann man sich selber eine Basis schaffen, auf der eventuell künstliche Elemente für den Körper nicht nötig sind, oder zumindest erst deutlich später.

Die menschliche Biologie und psychisches Wohlbefinden können durchaus in der Lage sein für ein langes Leben die Grundlage zu schaffen.

Klar, es ist keine Garantie, dass man ohne medizinische Hilfsmittel im oder am Körper auskommen wird. Ebenso ist der gesund lebende Mensch auch nicht sicher vor irgendwelchen Unfällen mit schweren Verletzungen.

Aber wir alle wissen, dass eine gesunde Ernährung und ein „vernünftiger" Lebenswandel eine hilfreiche

Unterstützung zu einem langen, beschwerdefreiem Leben sein können.

Doch was macht ein großer Teil der Menschheit? Sie quält sich mit Übergewicht, Blutdruckerkrankungen und den damit verbundene Verschleißerscheinungen herum.

So sind notwendige Operationen schon vorprogrammiert.

Nicht selten sind diese Operationen dann aber lebensnotwendig, um es zu behalten.

Aber alle, die in ihrem Leben mit ihrer Gesundheit einen Raubbau betreiben, könnten eigentlich beruhigt sein, wenn bloß die Wissenschaft schneller arbeiten könnte!!

Auf der ganzen Welt versuchen Wissenschaftler verzweifelt irgendwie das Leben, sprich das Alter, zu überlisten. Neben den weiter unten beschriebenen Forschungsthemen versuchen andere Forscher den Weg wie Menschen länger und gesund leben können.

Das Altern aufhalten ist ein alter Wunschtraum der Menschen.

Man sollte sich aber nicht nur auf die Technik und die Forschung hinsichtlich der Organe oder der Gelenke verlassen.

Einen großen Anteil am altern ist der Lebensweise und der Ernährung zuzuordnen.

Fachleute, die sich dieser Thematik widmen, sind sich im Großen und Ganzen einig, dass nicht alles dieser Wunschvorstellung widerspricht und unrealistisch ist.

Viele der Forschungsansätze unterstützen diese Wunschvorstellungen, denn fest steht:

Das Altern lässt sich durch bestimmt Verhaltensweisen positiv beeinflussen.

Professor Lantana, ein Altersforscher an der Uni in Sydney ist überzeugt, dass der Traum der Realität näher rückt.

Der Harvardprofessor David Sinclair meint in einem seiner Bücher: Kein biologisches, chemisches oder physikalisches Gesetz besagt, dass das Leben an einem bestimmten Punkt enden muss.

Da er aber auch als Unternehmer in der Biotechnologie selbstständig tätig ist, kann man durchaus seiner Behauptung widersprechen. Denn er ist als Geschäftsmann geradezu zu solch einer Aussage verpflichtet.

Wir möchten da schon lieber verlässliche Aussagen über den Stand der Wissenschaft auf dem Weg zum gesunden Altwerden für alle haben.

Die typischen Alterserscheinungen wie Krebs, Falten oder Demenz unterliegen in ihrer Entstehung ja komplexen biologischen und chemischen Prozessen. Dabei sind Zellen und Gene mit ihren Stoffwechseln generell oder zumindest kommunikativ beteiligt.

Ein individueller Lebensstil und schädliche Umwelteinflüsse können einem in einem langen Leben, das Leben ganz schön schwer machen (*Smiley*). Also entgegen wirken!

Wir sehen: Eine allgemein gültige und konkrete Aussage, und für alle Bevölkerungsgruppen geltend über die

Dauer des Lebens, zu machen ist seriös nicht machbar.

Man kann sich eigentlich nur rückblickend an den Statistiken orientieren.

Ergebnisse aus experimentellen dubiosen Versuchsreihen werden gerne für kommerzielle Zwecke angeführt.

Björn Schumacher kritisiert solche Veröffentlichungen.

Warum? Weil es bislang einfach keine Methode gibt, um die Verjüngungseffekte genau zu messen. Fest steht aber: Anti Aging nach dem neusten Stand der Forschung muss nicht immer teuer oder nur ausgesuchten Menschen vorbehalten sein.

Viel Gemüse, Ballaststoffe und weniger Fleisch kann helfen eine Grundlage für ein Anti-Aging zu schaffen.

Kommen wir nun zu der Frage:

Wie halte ich mein Gehirn jung?

Von allen, die sich mit diesem Thema beruflich beschäftigen ist zu erfahren, dass eine rege Hirntätigkeit die wohl beste Trainingsmethode sei.

Gerne angeführt wird immer wieder das Kreuzworträtsel-Raten. Aber natürlich gehören alle anderen Tätigkeiten dazu, bei denen der Einsatz der Gehirnzellen benötigt wird. Jede Art von Kreativität oder die persönliche Beschäftigung mit Musik werden gerne angeführt Häufiges Singen oder gar ein Instrument zu spielen wirken der Vergesslichkeit entgegen. Zunächst bestehen die Texte oder die Noten nur aus Fragmenten. Bei öfteren Wiederholungen wird man erkennen, dass immer mehr Fragmente zu einander finden und irgend wann wird wieder eine komplette Melodie oder ein Lied in seiner Gesamtheit zu hören sein. Ich habe selber die Erfahrung gemacht. Etwas anderes habe ich ebenso erkennen können: Mit dem Singen hatte und habe ich es immer noch nicht, aber ich habe immer schon gerne Gitarre gespielt, und gemerkt, dass dabei in mir das Gefühl der Ausgeglichenheit und der Entspannung aufstieg. Dieses wohltuende Gefühl ist ein weiterer Baustein für ein längeres und gesünderes Leben. Das ist ja grundsätzlich auch nicht zu verachten.

Aber Menschen für die Musik nicht das

richtige ist, gibt es genügend andere Möglichkeiten ´mal seine Kreativität herauszulassen. Man sollte sich aber bewußt sein, dass jede Art der Kreativität nur uns selber gefallen muss und nicht für Andere gemacht wird. Wir bestimmen wie sie auszusehen hat oder sich anhören soll!

Ich denke zum Beispiel an Malen, Schreiben, Fotografieren, Bildhauerei, Töpfern, Nähen, Stricken, Häkeln oder Gesellschaftsspiele erfinden, um nur die bekanntesten Möglichkeiten zu nennen. Natürlich sind im technischen Bereich ebenso die Möglichkeiten groß, seiner Kreativität freien Lauf zu lassen.

Sport ist eine weitere Möglichkeit etwas für sein Innenleben zu tun. Damit meine ich nicht nur die Psyche.

Sport im Alter?

Studien zeigten, dass körperlich aktive Senioren um 30% weniger an Demenz erkranken.

Bestimmte Bereiche im Gehirn wuchsen sogar noch im Alter.

Auch ein soziales Umfeld oder das Gefühl gebraucht zu werden hält ebenfalls jung.

Es ist aber schwer nachzuweisen, dass da ein Zusammenhang besteht und wie weit es sich auf diese biologische Alterung auswirkt.

Da wir sicherlich auf die Verjüngungspille für alle und alles noch lange warten müssen, liegt es zunächst noch in unseren Händen für ein langes Leben selbst zu sorgen.

Gesund Leben ist der erste Schritt.

Manches wurde tatsächlich schon praktiziert obwohl manches noch als „Zukunftsmusik" galt

.

Die Lebenserwartung eines Babys waren 2020 waren 90 Jahre. Eigentlich doch schon ganz toll, wenn man bedenkt, wie lange, oder wie kurz die Lebenserwartung unserer Großeltern oder gar deren Großeltern war.

Bessere Lebensbedingungen, höherer Wohlstand sowie Fortschritte in der

Medizin habe die längere Lebensdauer ermöglicht.

Aber knapp unter 100 Jahren ist vielen nicht lange genug. Sie bemühten sich auf die eine oder andere Art gesund zu leben und so ihr Ziel, mindestens 100 Jahre zu erreichen. Andere bedienen sich der Ergebnisse der Forschung, um den Tod hinaus zu schieben.

Die Inhalte einiger Fachbegriffe die in der Forschung benutzt werden, müssen unbedingt erklärt werden:

- Xenotransplantation
- Kryonik
- Parabiose
- Zellreinigung
- Reparatur der Chromosomenenden
- Mind-Uploading
- Tissue Engineering
- Metforming

sind einige der Forschungsthemen mit unterschiedlichen Ergebnissen, um sein „Leben" auf die eine oder andere Art zu verlängern.

So schrieb das Deutsche Referenz

Zentrum für Ethik DRZE 2019:

Xenotransplantation

Als Xenotransplantation wird die Übertragung von funktionsfähigen Zellen, Geweben oder Organen zwischen verschiedenen Spezies, im Besonderen von Tieren auf den Menschen, bezeichnet. Damit steht dieser Begriff dem der allogenen Transplantation (Transplantation, bei der Spender und Empfänger der gleichen Spezies angehören) gegenüber. Bereits zu Beginn des 20. Jahrhunderts fanden erste Versuche statt, Organe von Menschen durch tierische zu ersetzen. Die erste erfolgreiche Xenotransplantation wurde schließlich im Jahr 1963 durchgeführt: Der Chirurg Reemtsma verpflanzte insgesamt sechs Patienten Schimpansen-Nieren, von denen jedoch keine länger als neun Monate funktionsfähig war. Seit 1990 werden vermehrt tierische Zellen und Gewebe vom Schwein transplantiert. Es eignet sich aus anatomischen und physiologischen Gründen besonders gut als Spender, da seine Organe eine mit dem Menschen vergleichbare Größe und

Organfunktion aufweisen und die Tierhaltung und Zucht zudem relativ einfach sind. Hirnzellen des Schweins werden zur Behandlung von Parkinson-Patienten eingesetzt, Inselzellen zur Behandlung von Diabetes sowie Leberzellen bei Leberversagen. Wie jede experimentelle Therapie ist die Xenotransplantation mit Problemen und Risiken behaftet. Wegen der phylogenetischen Distanz zwischen Mensch und Tier treten Abstoßungsreaktionen bei Xenotransplantationen im Vergleich zu allogenen Transplantationen in der Regel schneller und heftiger auf. Mit den zurzeit zur Verfügung stehenden Immunsupressiva gelingt es nicht die Abstoßung eines Xenotransplantats dauerhaft zu unterdrücken. Die Chance auf eine erfolgreiche Xenotransplantation soll durch gezielte genetische Veränderungen, unter anderem der Gewebefaktoren von Schweinen, erhöht werden. Generell war ungeklärt, ob Schweineorgane und andere tierische Transplantate die Funktion menschlicher Organe längerfristig und zuverlässig ersetzen können. So konnte u.a. die aufrechte Haltung des Menschen einen unvorhersehbaren

Einfluss auf die transplantierten Schweineorgane haben.

Die Xenotransplantation wirft viele rechtliche und ethische Fragen auf. Die Bundesärztekammer kam in einer Stellungnahme im Jahr 1999 zu dem Schluss, dass die Voraussetzungen für eine hinreichend risikoarme Durchführung von Xenotransplantationen noch nicht gegeben waren. Wohl unterstützte sie alle Forschungsaktivitäten und Bemühungen, die geeignet waren, offene Fragen abzuklären und das Risiko von Xenotransplantationen besser abschätzen und vermindern zu können.

Kryonik

Für rund 35 000 Euro können Leute ihren Körper nach einem bestimmten Verfahren einfrieren lassen und wenn die Medizin später so weit ist, dass der Körper wieder aufgetaut und versorgt werden kann, dieses auch mit sich machen lassen wollen.

Bei Wikipedia (Stand 2020) wird folgendes erklärt:

Bei der Kryokonservierung größerer

Organe und Organismen kam es zu Schäden, die nicht mit den zur Verfügung stehenden Mitteln behoben werden konnten. So musste das jeweilige Frostschutzmittel genau auf die einzelnen Zelltypen abgestimmt sein. Da dies nicht praktikabel ist, konzentriert man sich meist auf die bestmögliche Erhaltung des Gehirns mit dem Ziel, unvollkommen konservierte Gewebe zukünftig beispielsweise mittels Tissue Engineering ersetzen zu können. Ob diese Schäden in der Zukunft reversibel sind, ist heute immer noch unklar.

Der Konservierung bedient sich die moderne Kryonik seit Beginn des 21. Jahrhunderts. Um die Bildung von Eiskristallen zu vermeiden. Eiskristalle führen ansonsten zu einer Vielzahl mikroskopischer Verletzungen, welche nach heutigem Kenntnisstand immer noch als irreversibel einzustufen sind.

Zellen werden im flüssigem Stickstoff gekühlt.

Hierbei werden die Glasübergangstemperaturen der verwendeten Vitrifikationslösungen (Vitrifikation ist das Festwerden einer Flüssigkeit durch Erhöhung ihrer Zähflüssigkeit), während sie abgekühlt werden – beispielsweise auf ca. –120 °C weit unterschritten, woraufhin es aber zu Brüchen in den Geweben kommen kann. Da es sich hierbei lediglich um wenige, mikroskopische Brüche handelt, werden diese von den Anbietern der Technik als prinzipiell reversibel eingeschätzt.

Eine weitere Herausforderung stellt weiterhin das Wiederauftauen dar. Während das Auftauen eines größeren Organismus mehrere Stunden in Anspruch nehmen kann, befindet man sich in einem Zielkonflikt: Einerseits dürfen keine kritischen Temperaturen überschritten werden, welche zum Beispiel die Denaturierung der im Gewebe enthaltenen Eiweiße zur Folge hat, andererseits muss darauf geachtet werden, dass das Gewebe während des Auftauens nicht aufgrund einer Sauerstoffunterversorgung abstirbt. Für größere Organe und Organismen ist dieses Problem immer noch ungelöst.

Parabiose (Verwachsung von Zellen) Blut als Jungbrunnen? Es wird, mit Recht, als nicht ersetzbarer Stoff für das Leben betrachtet. Doch das was Forscher damit anfangs des Jahrtausend versuchten, hielt ich damals schon für sehr utopisch.

Dabei wurden beispielsweise zwei Mäusen in deutlich unterschiedlichem Alter über ihre Blutkreisläufe mit einander verbunden. Damit das Blut der jungen Maus in die ältere übertragen werden konnte. Im Labor wurde das Fell der alten wieder glänzend, das Herz wurde kräftiger und das Gehirn konnte deutlich mehr leisten.

Leider ist so etwas bei uns Menschen nur bedingt anwendbar und bei zwei miteinander verwandten DNSen. Es hat lange gedauert bis sich Freiwillige für die ersten Versuche gemeldet hatten. Es hatten sich widererwartend viele Freiwillige gemeldet, aber leider fehlte fast immer der verwandte Gegenpol. Da wir Menschen aber um einiges komplizierter in unserem organischen Aufbau sind als Mäuse und wie die zuletzt genutzten Schweine, ist noch nicht einer der Humanversuche zur vollen Zufriedenheit der Forscher gelungen. Zwar endeten die letzte Siebenunddreißig Versuche nicht mehr tödlich, aber es kam doch zu deutlichen Abweichungen vom Erwarteten.Wenn das wie gewünscht gelingen sollte, könnte das eine Lösung bei dem Problem von Alzheimer sein. In Silicon Valley bemühen sich immer noch die Forscher um eine erfolgreiche Parabiose für den Mensch.

Zellreinigung

Hier werden Zellen die zu Zellen-Müll geworden sind, weil sie sich nicht mehr teilen können und dem Körper eventuell schaden, ansonsten aber nur noch nutzlos sind und sogar noch Alterskrankheiten wie Grüner Star, Arthritis oder Probleme mit dem Herzen verursachen, aus dem Körper durch Gabe eines Medikamentes entfernt. In den USA ist dieses bei Mäusen gelungen. Die kleinen Tierchen lebten durchschnittlich 25% länger als nicht behandelte.

Reparatur der Chromosomenenden

Für die Entdeckung des Enzyms Telomerase erhielten 2009 US-Forscher den Medizinnobelpreis. Sogenannte Telomere, die sich am Ende der Chromosomen befinden, sollen von diesem Enzym geschützt werden.

Je älter wir aber werden, um so mehr haben sich unsere Zellen geteilt, und um so kürzer sind die Telomere geworden. Folglich sind wir vermehrt anfällig gegen Krankheiten.

Firmen in den USA sind auf der Suche nach einer Technologie oder einem Mittel, das die Zellen quasi sich wieder rückwärts entwickeln.

Mind-Uploading

Mind-Uploading wird frei übersetzt mit: **Das gespeicherte ich.**

Als das gespeicherte ich wird das bezeichnet, was den Menschen als Individuum ausmachen.

Es sind Dinge wie Erinnerungen, die Art zu denken, das persönliche Verhalten, Charakter und das Spektrum der persönlichen Gefühle.

Das alles, nennt man wohl den Geist und der wird zunächst noch extern gespeichert, um dann damit später ein virtuelles Gehirn zu schaffen.

So könnten wir dann digital weiter leben.

Ich bin mir aber sicher, dass so eine Art weiter zu leben nichts bedeutet und keine Zukunft, bis für einige wenige, haben wird!

Das ist doch kein Leben mehr!

Tissue Engineering

Schon heute können Herzklappen, Harnblasen Haut, Muskeln oder Haut hergestellt werden und in Patienten eingesetzt werden.

Nieren und Leber sind bedingt durch die Problematik der Durchblutung, wie oben schon angeführt, immer noch in der Forschung.

Metforming

Metformin - eine Superpille?

Der Wirkstoff ist eigentlich nur in Diabetes Medikamenten enthalten.

Forscher an der Uni Cardiff fanden

heraus, dass Diabetes Typ 2-Patienten, die dieses Mittel als Haupt-Therapie erhielten, um 15% länger lebten als Menschen ohne Diabetes. Metformin soll soll bei Diabetespatienten die allseits bekannten Seniorenkrankheiten wie Demenz, Krebs oder Arterienverschlüsse verhindern.

Die Erkenntnis war Anlass für Forscher in den USA herauszufinden, ob Metformin ebenfalls das Leben gesunder Menschen verlängern kann. Ein Ergebnis dieser Studie konnte trotz aller Bemühungen nicht ermittelt werden und entzieht sich meiner Kenntnis bis in die Gegenwart.

Die **Ärzte Zeitung** vom 10.06.2016 verlautet zu diesem Thema unter anderem:

Eine Wunderwaffe für alle Menschen werde Metformin sicher nicht, so Experten beim Ärzteforum zum Thema "Gesund altern". Aufgrund der Nebenwirkungen von Metformin werden nicht alle alten Menschen von dem Wirkstoff profitieren.
Individualisierte Medizin sei ein Baustein des gesunden Alterns. Weitere

seien Sport und richtige Ernährung. Für eine individuelle Präzisions-Prävention fehlt nach Aussagen von Wissenschaftlern der Uniklinik Rostock jedoch noch die Kenntnis der Bio-Marker, die mit einem langen gesunden Leben korrelieren. Bei der Alters- und Versorgungsforschung sowie bei Interventionen dürfe der Fokus nicht allein auf der Lebenspanne, sondern müsse auch auf der Lebensqualität liegen. Darin waren sich Vertreter von Forschung, Politik und Pharmaunternehmen einig. Die zu messen und zu definieren sei allerdings schwierig.

Nicht nur Josef Hecken, unparteiischer Vorsitzender des GBA, forderte, dass bestimmte Bevölkerungsschichten früher auf Prävention angesprochen werden müssen. "Sonst produzieren wir eine Lawine, die auf uns zurollt und uns überrollt", so Hecken.

Warum werden wir jetzt schon deutlich älter als unsere Vorfahren?

Leider ist noch kein Medikament oder Präparat auf dem Markt, mit dem allein wir älter werden. Dennoch erreichen wir aber oft ein höheres Alter als die meisten unserer Vorfahren.

Mindestens 7 Gründe beeinflussen das Lebensalter der meisten Menschen.

Die Reihenfolge der Aufzählung ist keine Bewertung der Wirksamkeiten.

1.Der steigende Wohlstand

Es gibt Forschungsergebnisse die besagen, dass in den technisch gut entwickelten und wohlhabenden Ländern das Menschenalter deutlich höher ist. Meistens ist in solchen Ländern ein besseres Gesundheitssystem die Stütze für ein längeres Leben.

Eine gute medizinische Infrastruktur resultiert aus der zur Verfügung stehenden Geldmittel. Dadurch resultieren Finanzmittel für die Erforschung, die Prävention, die Aufklärung und die Behandlung von Krankheiten.

Werden in den Entwicklungsländern die Lebenserwartungen durch fehlender politischer und sozialer Stabilität und somit Bürgerkriege und den damit oft verbundenen Hungersnöte, Seuchen und Naturkatastrophen nach unten gedrückt, bessern sich die Lebensbedingungen mit steigendem Wohlstand.

Dies kommt dann der Freude am Leben wieder zu Gute. Das wiederum ist ein wichtiger Punk für ein langes Leben.

2. Humanere Arbeitsbedingungen

Es trifft nicht zu, dass durch die Industrialisierung das Leben für die Menschen einfacher wurde. War es in verschiedenen Berufszweigen eventuell leichter, so wurde aber durch die Automatisierung die Anzahl der Produkte erhöht. Somit war der eigentliche Vorteil wieder eingebüßt.

Es gab keine freien Wochenende und die wöchentliche Arbeitszeit lag zum Ende des 19.Jahrhundert nicht selten bei 78 Stunden.

Man kann sich vorstellen wie groß der körperliche Verschleiß und das damit verbunden frühe Ableben gewesen ist.

Ich bezweifele, dass es den Begriff „Arbeitsschutz" überhaupt schon gegeben hat. Nicht wenige Arbeitstage endeten mit dem Tod.

Mit dem Übergang zur Dienstleistungsgesellschaft sind viele der gefährlichen Berufe und anstrengende Arbeiten mit gefahrvollen Stoffen in besonderen Normen und Anweisungen geregelt worden. Dadurch wurde die Zahl der Arbeitsunfälle und insbesondere der tödlichen geringer.

Im Ende des 20sten Jahrhundert wird auch deutlich weniger Zeit gearbeitet. Den 78 Stunden von 1898 stehen nun nur noch meist 40 oder weniger Regel-Stunden gegenüber.

3.Gesündere Lebensweise

Ein großer Teil der in Industriestaaten lebenden haben es auch weitestgehend mit selbst „in der Hand" wie alt sie werden.

Vier Dingen werden pauschal **immer** als erstes die Schuld an allem Übel gegeben. Ich habe Zweifel, dass dem immer so ist.

Bewegungsmangel, falsche Ernährung, Alkohol und das Rauchen sollen ein vorzeitiges Ableben beschleunigen.

An dieser Stelle möchte ich eine nicht ganz ernst gemeinte Frage stelle:

Was habe ich davon, dass ich als gesunder Mensch sterbe? **Dann bin ich zwar kerngesund, aber tot!**

Nach diesem kleinen Ausflug in den Sarkasmus kehre ich nun wieder zum eigentliche Text zurück:

Fest steht allerdings, dass die Deutschen immer mehr auf ihre Gesundheit achten. Das betrifft alle Bereiche des Lebens. Soweit es möglich ist, wird über das Berufsleben hinaus auf die Gesundheit geachtet.

Sport wird heute oft bis ins hohe Alter betrieben.

2014 wurden in Deutschland von rund 210.000 Menschen einen Leistungsnachweis für ein Sportabzeichen abgelegt. Jeder 5., also 20% der Sportler waren 65 Jahre und älter!

Bei den Rauchern soll in den Jahren von 1978 bis 2013 die Zahl der Raucher von 43% auf weniger als 30% gesunken sein. Seltsamer Weise besonders Männer.

Ebenso sind der Fleisch- und Alkoholkonsum deutlich gesunken.

Also der Trend zum längerem und gesunden Leben ist in dem Land, welches einmal ein selbstständiges Deutschland war, auf jeden Fall schon sichtbar.

4. Höheres Bildungsniveau

Man ist geneigt zu fragen: Was hat das alt werden mit dem Bildungsniveau zu tun?

Ein höheres Bildungsniveau ist in der Regel mit einem Mehr an Einkommen verbunden. Das wiederum ermöglicht ggf. eine bessere medizinische Versorgung.

Statistisch ernähren sich diese Menschen gesünder, gehen regelmäßiger zu Vorsorgeuntersuchungen und treiben mehr Sport.

Sie engagieren sich in der Allgemeinheit und sind zufriedener weil sie seltener Existenzängste haben.

Das sind alles Punkte, die sich in der Lebenserwartung niederschlagen können.

Selbst die Zahl der Morde und Selbstmorde sollen davon positiv betroffen sein.

5. Verbesserte Hygiene

Wie schon zum Ende des Neunzehnten Jahrhundert festgestellt wurde, ist die Qualität des sauberen Trinkwasser eine der Grundlagen die Gesundheit zu erhalten und Krankheiten zu bekämpfen. So wurden ebenfalls Sanitäranlagen, vernünftige Abwasseranlagen und Müllentsorgung geschaffen. Solche Verbesserungen halfen mit gefährliche Infektionskranleiten auszuschalten oder zumindest einzudämmen.

Cholera, Tuberkulose oder Typhus spielen in der westlichen Welt heute eigentlich keine Rolle mehr.

Dadurch hat sich die gesamte Einstellung zur Hygiene zum positiven entwickelt.

Die Weltgesundheitsorganisation WHO veröffentlichte eine begründete Schätzung in der angegeben wird, dass in den Entwicklungsländern 8% der Todesfälle der mangelhaften Wasserwirtschaft und der schlechten Hygiene zu zuschreiben sind.

6. Bessere soziale Fürsorge

Die gesetzlichen Sozialversicherungen sind die Träger des in Deutschland flächendeckendem Fürsorgesystem. Die Gründung begann 1883 zu Zeiten von Otto von Bismarck und die Leistungen wurden kontinuierlich verbessert. Die zuletzt eingeführte Versicherung ist die Pflegeversicherung von 1995.

Durch sie sollen auch Pflegebedürftige Sach- oder Geldleistungen erhalten. Diese sollen ihnen weitgehend ein selbständiges und selbstbestimmtes Leben bis ins hohe Alter ermöglichen.

7. Medizinischer Fortschritte

All die Verbesserungen, die im Verlauf der Geschichte zum tragen kamen, wären nur halb soviel wert, wenn die Medizin nicht ebenfalls große Fortschritte gemacht hätte.

Ohne dem wäre ein längeres Leben nicht vorstellbar.

80% der Menschen werden heute älter

als 65. Dazu haben sehr die Vorbeugung und Behandlung bei typischen Alterserkrankungen beigetragen. Die Chance einen Herzinfarkt zu überleben, hat sich in den letzten Jahrzehnten vervielfacht.

Die Fortschritte der medizinischen Forschung weltweit gehen immer weiter und ein Ende ist noch lange nicht in Sicht.

Die Ebene der Genom- und Stammzellenforschung bieten ein schier endlos weites Arbeitsfeld.

Die Weltsensation wäre, könnten Forscher Stammzellen in jede beliebige Zellsorte umprogrammieren.

Das **Tissue Engineering*** wird sicherlich eine Möglichkeit, hin zu diesem Ziel, sein.

Somit könnte jeder Mensch sein eigenes Ersatzteillager sein.

Leider werde ich dieses aber nicht mehr auf der Erde miterleben.

Wenn die Kirchen aber Recht haben, kann ich mir das Ganze ja später noch aus aus dem Jenseits ansehen.

Trotz aller großartigen Fortschritte in den weltweiten medizinischen Forschungen, mit ihren teilweise überwältigen Ergebnissen, dürfen wir uns nicht nur auf die Hilfe von außen verlassen.

An dieser Stelle möchte ich von einem Buch mit dem Titel „Die Weisheiten der 100-jährigen" berichten. Der Autor ist Rei Gesing und sein Buch ist erschienen im Solibro Verlag. Der Autor hat die informativen Gespräche mit den Senioren in einem Buch zusammen gefasst.

Daraus kristallisierte sich deutlich hervor, dass vieles an schlechten Ereignissen rückblickend keine Erwähnung fand. Es wurden durchweg von den positiven Dingen gesprochen, wenn sie gefragt wurden warum sie so alt geworden sind.

Selbst 2 Weltkriege konnten ihnen nicht die Freude am Leben nehmen. Sicherlich waren sie während Zeiten als es ihnen schlecht ging nicht lustig, aber eine positive Einstellung hat mit Sicherheit dazu beigetragen, dass sie weitgehend von schlimmen Krankheiten verschont geblieben sind.

Eine positive Lebenseinstellung, das haben Untersuchungen belegt, kann mithelfen vor Ansteckungen gefeit zu sein.

Diese positive Einstellung ist ebenfalls heute immer noch bei uns Menschen, sollte es zu einer Ansteckung gekommen sein, die Wurzel für die nicht zu unterschätzenden Selbstheilungskräfte in unseren Körpern.

Aber eine positive Lebenseinstellung alleine reicht nicht. Wichtig für ein stabiles Innenleben ist auch eine aktive Teilnahme am Leben. Hobbys oder Kontakte zu Mitmenschen können im Unterbewusstsein und somit bei den Selbstheilungskräfte schon Wunder bewirken.

Ein soziales Umfeld in dem uns das Gefühl vermittelt wird gebraucht zu werden, hält uns jung und steigert die Widerstandskraft gegen Krankheitserregern. Es ist aber schwer nachzuweisen, dass da ein Zusammenhang besteht und wie weit sich das auf die biologische Alterung auswirkt.

Auf eine Verjüngungspille für Alle und Alles müssen wir leider noch eine

Weile warten.

Für mich mit meinen 120 Jahren hätte sie nun auch nur noch wenig Sinn.

Es liegt also zunächst noch in unseren Händen für ein langes leben selbst zu sorgen. Gesund leben ist der erste Schritt!

Wenn ich mich früher fragte, ob ich überhaupt so alt werden wollte, musste ich versuchen mich neben der medizinischen Seite, ebenfalls in die Situation eines gesunden Greises versetzen.

Wie würden die Lebensbedingungen für uns Uralte sein? Würden wir dann überhaupt noch frei umherlaufen (sofern unsere Körper es zulassen), oder würden wir dann in Gettos ausgelagert? So wie es schon einmal mit Flüchtlingen fremder Länder in Zeltlagern, auf der von Bauern gegen gute Euros vermietete Grünfläche, geschah? Oder würden wir in vereinsamten ostdeutschen Orten, in die dort leerstehenden Häuser, weit ab von dem Rest der Bevölkerung, untergebracht? Dort kommt dann ein oder zwei Mal pro Woche ein Einzelhandelswagen mit dem

Nötigsten und ebenso einmal in der Woche zu notwendigen ärztlichen Versorgungen ein Arzt. Unter Umständen ein Mediziner der sich noch in der Ausbildung befindet.

Nur Notfälle werden dann zu Fachärzten oder gar in ein Krankenhaus überwiesen.

Oder würde alles ganz anders sein? Ich warte immer noch darauf, dass die alten Menschen von den jüngeren Generationen verehrt werde. Aber da kann ich in dem ehemaligen Deutschland bestimmt noch sehr lange warten.

Werden die alten Menschen von den jüngeren Generationen verehrt?

Für Senioren wurden in 30 Jahren Altenwohnheime mit mehreren Zimmern pro Person gebaut. Wird sich freundliches, gutbezahltes und gut ausgebildetes Pflegepersonal liebevoll um uns Senioren kümmern? Das ist leider bis jetzt immer noch Zukunftsmusik. Es ist nicht so gut gelungen wie geplan, aber es ist deutlich besser als vor 50 Jahren.

Aber ehrlich, ich würde gerne so bis 140 Jahre alt werden. Schon alleine um zu sehen wie die Welt und insbesondere die der alten Menschen sich entwickelt. Dass ich genauso denken werde, wenn mich dann mit 130 Jahren irgendwelche Krankheiten quälen, kann ich mir nur schwerlich vorstellen.

Wie viel der lebenswichtigen Organe oder Gelenke oder sonstige Teile in und an mir sind dann noch echt und wie hoch ist dann mittlerweile der prozentuale Anteil der künstlichen Teile an mir?

Ein großer Schritt gelang im Bereich der künstlichen Organen, dem **Tissue Engineering** in den 2020er Jahren. Die gestiegene Nachfrage nach Organen ist immer größer als das Angebot geworden. Zwangsläufig versuchte die Wissenschaft beim Tissue Engineering den Engpass in der zur Verfügung stehenden Menge durch Organspender auszugleichen.

Es gibt schon tolle Erfolge zu vermelden, aber leider ebenso viele Schwierigkeiten in der Herstellung.

Kunstherzen gibt es schon seit 70 Jahren und sie wurden ständig verbessert. Das fortschrittlichste wurde vom Team des Prof. Steinseifer im Heimholz-Institut in Aachen konstruiert.

Top Materialien und eine Mechanik die so gut wie verschleißfrei ist, lassen eine lange Lebensdauer erwarten. Selbst das alte Problem der Energieversorgung scheint ausgestanden. Selbst duschen oder baden ist damit möglich, weil der Akku unter die Haut verpflanzt wird.

Die Hauptenergie wird aber von außen per Induktionsspannung zugeführt. Also keine Kabel mehr durch die Haut.

Dennoch ist das Kunstherz nicht frei von Problemen. Schwierigkeiten können durch der körperfremden Oberfläche und Stömungsfallen in der Pumpe auftreten. Ebenso besteht die Gefahr dass Blutgerinnseln entstehen. Die Patienten müssten dann dauerhaft „Blutverdünner" einnehmen. Das ist aber doch nur ein kleines Problem.

Deshalb kann ein solches Implantat immer nur noch als Übergangslösung angesehen werden.

Das Tissue Engineering wird ein komplettes Herz leider nicht ersetzen, wenngleich Herzklappen schon im Einsatz sind.

Schweine kommen nur bedingt als Organspender für Menschen in Betracht. Retroviren aus den Genomen der Schweine könnten Menschen gefährlich werden. Das Immunsystem könnte das Schweinegewebe als fremd erkennen und abstoßen.

Aber dieses sollte mit modernster Gentechnik behoben werden können.

Forscher sind bemüht diese Fremdgewebe gentechnisch menschenähnlicher zu gestalten.

Schon heute können Herzklappen, Harnblasen, Muskeln oder Haut hergestellt werden und in Patienten eingesetzt werden.

Nieren und Leber sind bedingt durch die Problematik der Durchblutung, wie oben schon angeführt, noch in der Forschung.

Wie alt ist ein Mensch dann wirklich, wenn er in allem was wichtig zum leben ist aus Fremdteilen besteht?

Beim Tissue Engineering wird in der Regel, und wenn es möglich ist, überwiegend eigenes Zellmaterial verwendet.

Aber eigentlich werden wir ja über unseren Geist und falls vorhanden auch den Verstand definiert werden, sicher wird unser Alter nicht von der Realität abweichen. Wenn sich jemand einfrieren lässt, zählt das Alter doch ebenfalls weiter.

Sollten wir zu den „glücklichen" Menschen gehören, und unseren 140., den 150. oder gar den 160. Geburtstag bei vollem Bewusstsein feiern, können wir vielleicht noch von Glück sagen, wenn wir selbstständig und ohne Atemschutz das Haus verlassen können und dürfen. Nur ob wir die Welt dann noch verstehen? - Ich glaube das nicht. Ich verstehe ja schon seit 50 Jahren häufig die Welt nicht mehr. Es hat aber nicht nur etwas mit der Sprache zu tun. Besonders im E-technischen Bereich, aber auch in der Denkweise wird es deutlich, dass ich mich mehr und mehr von den jüngeren Generationen entferne. Aber das hat es ja früher auch immer gegeben.

Teilweise verstehe ich schon heute große Teile der Werbung nicht mehr.

Wohnsituationen im Alter

Es stellen sich verschiedene Wohnsituationen, je nach körperlicher und geistiger Fähigkeit vor.

1.Leben in eigener Verantwortung in gewohnter Wohnung

2.Pflegebedürftigkeit in eigener Wohnung

3.Tagespflege in einem Seniorenheim

4.Daueraufenthalt in einem Seniorenheim

Leben in eigener Verantwortung in gewohnter Wohnung **Pflegebedürftigkeit in eigener Wohnung**.

Wünschenswert ist es natürlich, wenn der Aufenthalt in der eigenen Wohnung möglich ist.

Es ist toll, wenn man körperlich und geistig fit genug ist,um alles selbständig, zur eigenen Zufriedenheit und Sicherheit der anderen Mitbewohner im Haus, erledigen zu können.

Ich musste aber bei mir feststellen, dass auch das Niveau der eigenen Ansprüche mit sinkender Leistungsfähigkeit deutlich weniger wird.

Es gibt vielerorts Angebote von Hilfsorganisationen oder kirchlichen Einrichtungen die ein Leben in der eigenen Wohnung durchaus ermöglichen. Natürlich sollten in solchen Situationen die Verwandtschaft den Senioren helfend zur Seite stehen.

Leider ist das aber aus den unterschiedlichsten Gründen oft nicht möglich. Manches Mal kann eine Kombination von Beidem, die Hilfe einer Organisation und der Verwandtschaft, wenn es machbar ist, eine gute Lösung sein.

Ist der alte Mensch aber in der „glücklichen" Lage und hat eine Einstufung in der Pflegeklassifizierung bekommen, kann ggf. ein Pflegedienst ebenfalls wertvolle Dienste leisten.

Schlechte Karten hat der/die Senior/in, die weder von irgendeiner Hilfsorganisation oder kirchlichen

Einrichtung, noch von einem kommerziellen Pflegedienst Hilfe erwarten können. Wenn dabei dann auch noch eine kleine Rente eine Rolle spielt und man für kleine „Gefälligkeiten" bezahlen muss, ist ein dahinsiechen eigentlich nur die logische Schlussfolgerung.

Wie man sich unschwer vorstellen kann, ist das alt werden in den gewohnten „Vier-Wänden" nicht immer so erstrebenswert.

Wenn es auch heißt: Einen alten Baum verpflanzt man nicht!

Wenn aber dieser alte Baum nicht mehr mit Wasser versorgt wird, dann geht er ein. Leider ist eine Umpflanzung in eine wasserreicher Gegend keine Garantie, dass er dann so alt wird, als wäre er vorher ausreichend gegossen worden.

Aber er wird sicherlich älter werden, als bekäme er kein Wasser.

Leben in eigener Verantwortung in gewohnter Wohnung. Aber Gott sei Dank ist man ja nicht immer im Alter auch pflegebedürftig.

Dennoch sind einige Umstellungen im täglichen Leben unumgänglich, oder zumindest hilfreich für die Senioren. Das fängt an bei den Hygiene- und Körperpflegeeinrichtungen und kann am Esstisch bei dem Besteck enden. Die meisten Sanitätshäuser bieten eine umfangreiche Palette an Hilfsmitteln an.

Es gibt aber noch genügend weitere Dinge die es gilt zu bedenken. Der Einkauf, möglichst der Wocheneinkauf, könnte unter Umständen eine soziale Einrichtung übernehmen. Oder man lässt sich von einer der größeren Lebensmittelketten, die ja regelmäßig ihre Werbungen in den Häusern verteilen, beliefern.

Ein besonderes Augenmerk sollte der Sicherheit gelten. Das der eigenen und der anderen Hausbewohner.

Was gerne von uns Senioren gemacht wird ist, unser eigenen Fähigkeiten zu überschätzen. Auf die Frage:" Schaffst

Du das?" Ist die Antwort mit dem Brustton der Überzeugung oft:"Aber natürlich schaffe ich das!"

Ich musste leider zweimal schmerzhafte Erfahrungen machen, bevor ich dem falschen Stolz nicht mehr nachgab. Einmal bekam ich nach einem Hebeversuch einer Truhe zwei Wochen Rückenschmerzen und ein anderes Mal war ich der Meinung, ich könnte ohne Sicherheitsgriff ans Treppengeländer die Treppe hinauf gehen. Ich hatte wahnsinniges Glück, dass ich hinauf stolperte. So bekam ich nur, wenn auch schmerzhafte, Druckstellen an den Knien und den Händen.

Hätte ich mich auf dem Weg nach unten befunden und wäre dabei gestürzt, hätte ich mich sicherlich beide Male wahrscheinlich schwer verletzt.

Seit dem Tag habe ich immer eine Hand am Geländer. **Besonders wenn ich eine Treppe hinunter gehe.**

(selbst bei einer Rolltreppe!)

Die beiden Räume in denen es auf Sicherheit besonders ankommt, sind die **Küche** und das **Badezimmer.**

In der Küche hat sich die berühmte Eieruhr als hilfreiche Sicherung bei der Nutzung des Herdes erwiesen. Schnell wird die Küche aus irgend einem Grund verlassen und ebenso schnell hat man vergessen, dass der Herd an ist. Mit der Eieruhr, an der richtigen Stelle platziert, hat man eine Sicherung gegen das Vergessen. Natürlich muss diese aber zu Beginn des Kochvorganges auch eingeschaltet werden. Ich hatte damals bei meiner Mutter den E-Herd abgeklemmt, weil ich schon damals sicher war, dass sie damit einen Wohnungsbrand entfacht hätte. Das warme Essen bekam sie von „Essen auf Rädern“, die auch einen Wohnungsschlüssel hatten und dem Pflegedienst angeschlossen waren, geliefert. Wasserkocher und Toaster sind gegen Überhitzung durch eine Sicherung (Bimetall) geschützt.

Im Badezimmer ist die Rolle mit dem Toilettenpapier meistens seitlich etwas hinter der Toilette angebracht. Irgendwann macht die nicht vorhandene Beweglichkeit in der Körpermitte es nur schwer möglich an die Papierrolle zu kommen. Über eine bessere Platzierung sollte nicht erst nachgedacht werden, wenn es zu spät ist. Bei einer Badewanne und einer Dusche sollte eine rutschfeste Matte in der Wanne bzw. der Duschtasse eine Selbstverständlichkeit sein.

Was sich heute noch liest, als wollte ich die Betroffenen beleidigen, wird später vergessen. Gerade weil es selbstverständlich ist. Über Dinge die selbstverständlich sind, wird kein Gedanke mehr verschwendet und bei der ersten Nutzung wird sich dann ohne die sichere Matte gesäubert. Schon ist Gefahr eines Unfalles gegeben!!

Seit dem Jahr 2050 besteht weltweit Gott sei Dank Vorschriften für den Neubau von sicheren seniorengerechten Wohnungen.

Der Aufenthalt in einer Tagespflegestätte

Als Vorstufe für einen späteren Wechsel in ein Heim, kann ein zeitlich begrenzter Aufenthalt in einer Tagespflegestätte und als Übergang zum Wechsel in eine Heimvollpflege den hilfreichen Übergang schaffen.

Das ist eine zunächst abwechslungsreiche Sache, für einige Zeit. Denn irgendwann ist das Beschäftigungsprogramm am Ende und es beginnt wieder von vorne. Der - oder diejenige, mit Gedächtnisdefiziten ist zu dem Zeitpunkt natürlich in einer „besseren" Situation und wird sich dann nicht langweilen.

Andererseits wird man zum Abend wieder in seine vertrauten eigenen vier Wände zurück gebracht.

Daueraufenthalt in einem Seniorenheim

Leider ist das aber nicht immer, wenn überhaupt, möglich. So ist die „Dauerunterbringung" in einem Pflegeheim oft unumgänglich.

Ich hatte einst, bedingt durch meine Tätigkeit in einem Sanitätshaus, sehr häufig in Alten- und Pflegeheimen zu tun. Schon damals stellte sich mir die Frage, ob ich so, wie einige der alten Menschen, überhaupt noch leben möchte.

Es gab damals oft bedauernswerte Menschen zu sehen. Diese benötigen doch auch noch ein Mindestmaß an Zuspruch und vielleicht auch ein Gespräch, aber bei der damaligen

Personalsituation, bzw. der finanziellen Problemlage der Einrichtungen war das kaum, bis gar nicht zufriedenstellend. Die Verhältnisse in der Altenpflege waren im Jahr 2020 leider noch nicht auf dem Stand von heute.

Dennoch habe ich in meiner Patientenverfügung erst einmal, sicherheitshalber den Wunsch nach einer maschinellen Lebenserhaltung geäußert. Man konnte ja damals noch nicht wissen wie die Situationen der technischen Entwicklungen und der sozialen Leistungen sich in späteren Jahren darstellt. Ich hatte die Hoffnung, dass es für mich nicht relevant sein würde.

Supercentenarias nennt die Wissenschaft Menschen, die 110 Jahre und älter werden. Altersforscher sehen die steigende Prozentzahlen dieser Menschen als motivierendes Phänomen an. Björn Schumacher, Professor für Genomstabilität in Alterung und Erkrankung sieht darin, dass es möglich ist, sehr lange bei guter Gesundheit leben zu können.

Ich erinnere mich noch: Es gab eine Zeit da war der älteste lebende Mensch auf der Erde ist ein Mann aus Havelberg mit 114 Jahren.

Man könnte meinen, dass das alt genug gewesen wäre, aber es gab tatsächlich reichlich Überlegungen ob nicht 140 oder gar 150 Jahre das Ziel sein sollten.

Der Philosoph Sebastian Knell, vom Institut für Wirtschaft und Ethik der Uni Bonn, warnte schon damals nicht unbegründet in einem Interview im „Stern" vor den Nebenwirkungen:

„Offensichtlich werden sehr früh die Überbevölkerung, die damit verbundenen Versorgungsproblemen und die soziale Ungleichheit spürbar sein."

Aber dennoch wurde ein langes Leben von den meisten Menschen gewünscht.

Überlegungen zur medizinischen Lebensverlängerung rückten in der Realität immer mehr in den Mittelpunk.

Lassen Sie mich an dieser Stelle einen Ausflug in das Thema Prothesen machen:

Prothesen haben nun nicht unmittelbar etwas mit einer Lebensverlängerung zu tun, aber indirekt können sie es lebenswerter gestalten und eine positive Wirkung auf die Psyche und somit den Organismus ausüben. Oft ist es aber leider auch umgekehrt.

Prothesen sind heute mehr als nur einfache Ersatzteile für den Körper eines Menschen. Bei der Gelegenheit sei am Rande erwähnt,dass es für Tiere ebenfalls Prothesen gibt.

Künstliche Gelenke, Prothesen, Zähne, Hände, Beine, Herzklappen, Darmausgänge und vieles mehr.

Damit Implantate überhaupt eingepflanzt, oder Amputationen medizinisch korrekt vorgenommen werden konnten, mussten zunächst wirkungsvolle Narkosemittel und im 20. Jahrhundert, Materialien aus körperverträglichen Stoffen wie Kunststoffe oder Edelmetalle entwickelt werden. Sie spielen heute eine große Rolle.

Sie sind seit Jahrzehnten in der Anwendung und machen oftmals einen fast natürlichen Ablauf der Bewegungen möglich.

In der Geschichte der Ersatzteile für Menschen spielten ästhetische und kosmetische Aspekte eine immer bedeutendere Rolle.

Vorrangig war dies bei den Zahnprothesen. Wir wissen alle, wie abstoßend ein unschönes Gebiss ist, und wie sehr ein schönes Gebiss auf uns wirkt.

Natürlich muss die einwandfreie Funktion gewährleistet sein.

Mittlerweile gehören die einfachen Holz-Ersatzteile schon lange der Vergangenheit an. An ihre Stelle sind hoch technische Geräte gekommen, die mehr können als den Körper nur stützen.

Die Einsatzmöglichkeiten gehen heute weit über die von Armen incl. Händen oder Beinen mit beweglichen Füßen hinaus. Doch sind diese in der Regel immer die, welche am ehesten sichtbar werden.

Zum jetzigen Zeitpunkt der technischen Entwicklung werden einfache Prothesen bzw. ihre Details überwiegend durch Muskelkraft bewegt. Aber auf dem Vormarsch befinden sich die Entwicklungen zu den

Bionischen Prothesen, die über die Gedanken gesteuert werden, ebenso wie die **Myoelektrischen Prothesen**. Bei dieser Prothesenart misst ein Mikroprozessor im Schaft der Prothese über Hautelektroden myoelektrische Impulse und errechnet daraus in Bruchteilen einer Sekunde die notwendigen Steuersignale für die Motoren, die in der Prothese angebracht sind. Sie steuern die Bewegungen der Hand und der Finger.

Dabei ist hervor zu heben, dass die Prothesenträger selber entscheiden, wie schnell und wie kräftig die Bewegungen ausgeführt werden.

Die notwendige Energie, die solche Bewegungen erst ermöglicht, liefert ein im Schaft befindlicher kleiner Akku.

In den letzten Jahren haben wurden Myoelektrischen Prothesen schnell weiter entwickelt. Eine ständige verbesserte Technik in der Steuerung und der Stromversorgung, sowie in dem Einsatz verschiedener Kunststoffe ermöglichen eine Steigerung der Feinmotorik und ein natürlicheres Aussehen.

Dadurch kann die Bedürfnissen der Patienten besser entsprochen werden.

Und denn noch ist die Entwicklung der Forschung in diesem Themenbereich noch lange nicht zu Ende.

In der Zukunft sollen Elektronik und Mechanik durch frühzeitiges Erkennen, dessen was der Prothesenträger vorhat, die Bewegungen noch einfacher und natürlicher machen.

Die gedankengestützten **Bionischen Prothesen** sind wahrscheinlich die Mercedes unter den Prothesen. Leider sind sie bis heute von der Wissenschaft zunächst nur als machbar angekündigt worden, aber durchaus mit begründetem Optimismus.

Dieser Durchbruch in der Herstellung von Prothesen bedeutet für die Menschheit nur einen kleinen Schritt in die Zukunft, aber für die Patienten wird sich dadurch eine tolle Möglichkeit in der Zukunft ergeben.

Die Steuerung der Bewegungen erfolgt durch kleine, in oder auf den verbliebenen Extremitäten implantierte Sensoren.

Diese reagieren auf elektrische Impulse die von den Muskeln ausgehen.

Im Unterbewusstsein entstandene Reflexe werden selbstständig in myoelektrische Signale verwandelt. Diese, im Gehirn entstandene Impulse werden dann in die Funktion der Prothese umgesetzt.

Es ist nicht leicht vorstellbar wie das im Einzelnen Funktioniert, aber wichtiger ist es, dass es funktioniert.

2 Menschen hatten das Glück je eine Beinprothese für Testzwecke bekommen zu haben.

Bei den Armprothesen ist der Stand der Technik noch nicht voll ausgereift. Weil erste Tests positiv verlaufen sind, wurde der Weg, und somit der finanzielle Rahmen für eine Endfertigung, frei gegeben.

Da aber der Preis für die Herstellung mit zunächst 500 000 Dollar angegeben wird, ist leider abzusehen, dass die Krankenkassen kaum die Kosten übernehmen.

Der technische Fortschritt ist schon

erstaunlich und für betroffene Patienten auch sehr wichtig. Damit aber nicht nur Millionäre sich solche Lebenshilfen erlauben können, bleibt nur zu hoffen, dass sich bei einer späteren Produktion der Preis deutlich nach unten bewegen wird, so dass auch Kassenpatienten in ihren „Genuss" kommen können.

Die herkömmlichen Handprothesen können sich nur öffnen und schließen. Eine deutliche Verbesserung ist die in der Uni Karlsruhe entwickelten **Fluidhand**.

Mittels einer hydraulischen Steuerung sind bis zu fünf Handgriffe möglich. Bei dieser künstlichen Hand wird es ermöglicht, alle Finger einzeln zu bewegen.

Es bleibt aber immer noch eine große Herausforderung für die Entwickler, die Einsatzfähigkeit der einzelnen Finger zu erhöhen.

Aber es werden nicht nur zerstörte und fehlende Extremitäten ersetzt.

Jeder kennt den Zahnersatz, aber die Einsatzmöglichkeiten von kosmetischen Prothesen ist nicht minder gering.

Von synthetischen Augäpfel über Nasen und Ohren, oder bis zu implantierte Blasen, Darmausgänge, Herzklappen bis hin zu künstlichen Gelenken. Alle, und einige mehr, haben Einzug in der Medizin gefunden.

Eine andere Frage, die sich mir stellt ist, wem und ob überhaupt der medizinische Fortschritt auch noch zu Gute kommen wird.

Bei den hohen und weiter ansteigenden Kosten für die Forschung und Herstellung werden Krankenkassen nicht bereit sein die notwendigen Kosten zu übernehmen. Gutverdienende können locker für die Angehörigen 100 Euro für eine einfache Toilettensitz-erhöhung ausgeben aus, nur weil sie aus einem Sanitätshaus stammen (und das viele Tausend Mal),die im freien Handel etwa 20 Euro kosten.

Aber das ist ein anderes Thema.

Da stellt sich mir wieder die Frage: Wie werde ich in den nächsten 50 Jahren leben, bzw. leben können? Was wird mir die Krankenkasse noch gönnen um behinderungsfrei die Zeit bis zum Ende „genießen" zu können.

Genug der Vorrede! Nun ist jetzt!

Nun mache ich einen Sprung in das Jahr 2070. Also zurück in die Realität.

Heute ist mein 120ster Geburtstag.

Eine rechte Freude will aber nicht bei mir aufkommen. Die letzten Jahre waren leider nicht so schön wie ich es mir erhofft hatte. Zunächst verstarben nach und nach meine Freunde. Meine Frau hatte sich zwar von meinem Glauben an ein hohes Alter anstecken lassen, aber im Alter von 95 Jahren rief ihr Herrgott sie zu sich.

Ich versuche nun mit dem Rest meiner Erinnerungsfähigkeit und meinen Tagebuchaufzeichnungen die letzten Vierzig/Fünfzig Jahre an mir vorüber ziehen zu lassen.

Über meine Gesundheit konnte ich mich eigentlich nicht beklagen. Klar bekam ich einige schmerzhafte Krankheiten. Ein Magengeschwür machte mir das Leben nicht leicht, Blasenentzündungen waren bei mir chronisch. Ein Herzschrittmacher wurde mein ständiger

Begleiter in mir. Rheuma und Arthrosen reichten sich in schöner Regelmäßigkeit ebenfalls in mir die Hände.

So verschlechterte sich auch meine Beweglichkeit immer mehr, aber das war ja zu erwarten. Dem Verfall der Muskelzellen konnte und kann die Medizin bis heute nichts Dauerhaftes entgegensetzen.

Man hat ja etliche Versuchstiere geopfert und macht es wahrscheinlich immer noch, um die Zellforschung zu revolutionieren, doch alle positiven Testergebnisse bei den armen Tierchen, lassen sich noch nicht dauerhaft beim Menschen anwenden. Ganz im Gegenteil. Was zunächst vielversprechend begann, endete nicht selten tödlich für die Patienten.

Ein zweites neues Hüftgelenk konnte problemlos bei mir in das linke Bein eingesetzt werden. Die Ärzteschaft hatte sich damals über die Qualität des schon vor 70 Jahren implantierten rechten Hüftgelenkes gewundert. Eine so lange regelgerechte Funktion hatten sie noch nie erlebt.

Fest steht aber heute schon, dass mir

im Bedarfsfall für das rechte Hüftgelenk nur noch ein Gelenk der Klasse 2b von der Krankenkasse zugebilligt wird. Zugebilligt ist gut - es sind wie die Zahl schon sagt, gebraucht und dann auch nur der B-Klasse. Für Menschen in meinem Alter gibt es viele Teile nur noch gebraucht. Da kann man von Glück sagen, dass so etwas mit Tabletten & Co nicht funktioniert. Oder doch? Ich weiß zwar nicht wie das funktionieren soll, aber vielleicht sind das, an die Apotheken zurück gegebene Medikamente und die Krankenkassen denken, dass Menschen ab 90 Jahren durchaus mit solchen, unter Umständen im Haltbarkeitsdatum abgelaufene Medikamente gut bedient sind. Für die Kassen ist nur ein totes Mitglied, oder ein gesundes und zahlendes, ein gutes Mitglied.

Natürlich wird solch ein Denken, einheitlich in allen Krankenkassen, weit von sich gewiesen.

Dabei ist es schon lange bekannt, dass es in allen Bereichen der Prothetik diese Einteilung in Klassen der Patienten und der Objekte gibt.

Zwar haben die neuesten Generationen der 3D-Drucker eine preiswertere Herstellung der Ersatzorgane bzw. Ersatzprothesen/Implantaten ermöglicht, aber da die Nachfrage deutlich höher ist als noch vor 50 Jahren, werden die Preise über die Nachfrage gesteuert.

Im Moment würde meine Krankenkasse noch alle Ersatzteile bezahlen, wenn es auch nicht immer Neuteile sein werden, falls ich denn welche benötige, aber wer weiß, wie lange noch.

Da die Bevölkerungszahlen besonders durch die immer älter werdenden Senioren sich um ein Vielfaches weltweit zugenommen hat, (von etwa 7 Milliarden im Jahr 2020 bis nun 2070 auf bis ca. 11,3 Milliarden), wird die medizinische Versorgung immer teurer und somit schwieriger.

Die Welt hat sich ja nicht nur in der Medizin verändert.

Ein weltweites Problem der 20er Jahre war ja der Klimawandel mit der Erwärmung der Meere und somit der gesamten Erde.

Die schönste Jahreszeit ist schon seit Jahren der Frühling. Die Winter bringen nur noch in den Hochlagen der Hochgebirgen Schnee. Ansonsten gibt es nur Regen und das reichlich. Viele Städte, durch die normalerweise ein kleines Flüsschen fließt, haben wegen des ständigen, alljährlichen Frühlingshochwassers diese entweder mit mehr oder minder geschmackvollen hohen Mauern und Erdwallen eingedeicht oder vor den Ortseingängen umgeleitet.

Selbst in den Polargegenden ist Schnee Mangelware. Die letzten freilebenden Eisbären wurden im Jahr 2030 an der Beringstraße im nordwestlichen Teil von Alaska gesehen.

Im Jahr 2000 hat man den Spruch „Spätesten, wenn der letzte Baum gefällt ist und das letzte Gras gemäht ist, werden die Menschen erkennen, dass man Geld nicht essen kann", geprägt.

Doch in den letzten Jahren kann man sich nur wünschen, Bäume fällen zu können. Durch die ständigen und lange anhaltenden Waldbrände in den äquator-nahen Staaten weltweit, sind kaum noch Wälder vorhanden. 2020 wurde

Australien von langen, immer wieder auflodernden Bränden heimgesucht. Die waren aber im Vergleich zu denen, die nun jährlich auf der Erde herrschen, ein kleines Lagerfeuer.

Dass sich die Atemluft durch die Feinstaubpartikel um ein Vielfaches verschlechtert hat, ist naheliegend. Je nach Wetterlage sieht man viele Menschen mit Atemschutz auf den Straßen.

Ich habe so etwas zuletzt sogar schon gesehen, wie vereinzelt Hunde mit, selbst zurecht gebastelten Staubfilter ihre Spaziergänge oder ihre Geschäfte" verrichteten.

Hauskatzen sind da in einer etwas besseren Situation. Sofern sie an ein Katzenklo gewöhnt sind.

Bei dem Nutzvieh sieht es da schon deutlich schlechter aus.

Die ausreichende Versorgung mit Fleisch ist natürlich schwieriger geworden und somit auch teurer.

Sicherlich hatten etliche unter Atemwegserkrankungen zu leiden oder sind sogar daran verstorben. Wahrscheinlich ist diese schon geschehen. Aber bei weiten nicht in der Zahl, dass sich das in der Gesamtzahl deutlich bemerkbar machen würde. Zumal die Wald- und Feldbrände nur einige Wochen in größeren Ausmaßen herrschen.

Somit wird die angespannte medizinische Versorgung um nichts einfacher.

Leider haben es in den letzten Jahren die meisten Medizinstudenten vorgezogen, statt eine Praxis zu gründen, in der Forschung ihre Zukunft zu suchen. Bei den Praxen war augenblicklich die Konkurrenz zu groß und der Verdienst zu klein. Das bedeutete für die Wartezeiten auf Behandlungstermine, dass sie je nach Erkrankung durchaus erst nach dem Ableben der Patienten wahrgenommen werden könnten.

Einige Notfallpraxen in den Krankenhäusern verteilten schon Termine mit Platzkarten für die nächsten Tage.

Nur lebensbedrohliche Sachen wie Herzinfarkt, Schlaganfall oder Blutgerinnsel und ähnliches werden bevorzugt behandelt.

Eigentlich war das schon immer so, aber es wurde nicht immer so radikal und streng gehandhabt.

Mittlerweile werden nur noch an ganz wenigen Universitäten Mediziner ausgebildet.

Gott sei Dank sind die Pflegeberufe lukrativer und interessanter gestaltet worden.

Wenn wir Alte auch länger leben, so bedeutet das nicht, dass wir immer gesund sind. Die Körper altern zwar langsamer, aber sie altern dennoch. Wenn ich früher einen Gehstock mit 70 Jahren benötigte, wird er nun erst vielleicht mit 80 oder 85 Jahren nötig.

Für die medizinische und pflegerische Wirtschaft ändert sich somit eigentlich nichts, außer dass die Umsätze steigen.

Es ist aber eine Tatsache, dass wir Alten immer mehr wahrgenommen werden. Wir bilden nun mittlerweile auch auf Grund der großen Zahl eine Macht, an der die Wirtschaft ebenfalls partizipiert. Doch nur in eigenen Wirtschaftszweigen.

In unserer Seniorenresidenz, früher Alten- und Pflegeheim, geben sich seit einigen Jahren, egal vor welchen Wahlen, die Politiker die Klinken in die Hand.

Aber nur bei einer Mindestbelegung von 500 Insassen. Das ist aber in den meisten Fällen kein Problem.

Mir ist aufgefallen, dass wir heute von den jungen Generationen deutlich mehr geachtet werden als noch vor 50 Jahren.

Es hat in den Generationen nach uns doch endlich ein Erziehungsprozess begonnen, in dem wieder im Bus von älteren Menschen mindestens ein Platz angeboten wird. Heute muss ich entgegenkommenden jungen Menschen nicht mehr ausweichen. Ich werde endlich gesehen!

Man macht mir Platz!

Stellt sich ein Senior/in in die Reihe der Wartenden an der Fleischtheke, wird er/sie nach kurzer Zeit vorgelassen bis hin zur nächsten freien Bedienung.

Aber dieses Umdenken in der Bevölkerung ist vielleicht aus dem Herzen kommend, aber es hat auch einen zweckmäßigen Hintergrund:

Wenn wir uns, weil wir von der jungen Welt gut behandelt werden, wohl fühlen, geht es uns statistisch besser. Wenn es uns besser geht, bleiben wir länger gesund. Das bedeutet, wir müssen nicht medizinisch versorgt werden und benötigen keine Medikamente. Zusätzliche Belastungen der Solidargemeinschaft, sprich Krankenkassen, entfallen. Wenn wir gesund im Leben stehen, können wir mithelfen durch den Kauf von Verbrauchsgütern entweder für uns oder unsere Kinder und Enkel, weiterhin für eine florierende Wirtschaft sorgen. Was ebenfalls förderlich für die Allgemeinheit sein ist.

Würde diese Erkenntnis in den Erziehungsprozess einfließen, gäbe es eventuell nicht mehr so viele Kritiker von Seiten der jüngeren, die für die Alten nicht so lange, bis über 100 Jahre, zahlen wollen.

Die meisten dieser Kritiker würden sicherlich aber nicht so wie wir leben wollen. Unser Dasein ist von bestimmten Rhythmen gekennzeichnet.

Ein Tag in hohem Alter

Das was früher für mich die Zukunft - Heute lebe ich in der damaligen Zukunft.

Wenn meine Gesundheit es gestattet, beginnt jeder Tag gleich mit einem Gesundheitscheck.

Die Badezimmer bei uns in der Residenz sind mit spezialen „Seniorenspiegel" ausgestattet.

Wir nennen ihn so, weil alle Zimmer und Wohnungen in der Residenz damit ausgestattet sind. Wie sie offiziell technisch heißen? - Keine Ahnung.

Während ich meine restlichen wenigen eigenen Zähne und die Zahnprothesen putze, werde ich von den im Spiegelrahmen verbauten Sensoren abgetastet und das Ergebnis wird nach dem Ausschalten der Beleuchtung auf einen Papierstreifen ausgedruckt.

Blutdruck, Puls und die Körpertemperatur und die Größe werden gemessen. Wie dieser Hightech-Spiegel mein Gewicht und meine Blutwerte, ja sogar bestimmte Gene von mir herausbekommt, ist mir immer noch nach nun Fünf Jahren ein Geheimnis. Es kann aber nur an dem implantierten hoch technischen, sensiblen Chip liegen.

Selbst Ärzte konnte es mir nicht genau erklären.

Ebenso wird immer ein Organcheck durchgeführt. Sollte eines erkrankt sein, wird das sofort über eine Funkverbindung an eine Abteilung für Ersatzorgane gemeldet. Ebenso wird parallel der diensthabende Arzt informiert.

Obwohl der Spiegel jede bekannte Krankheit diagnostizieren kann, muss immer noch ein Arzt hinzugezogen werden. Sollte es nötig sein, wird in der Abteilung für Ersatzorgane die Herstellung eines Ersatzorgans vorbereitet.

Um eine schnelle Anfertigung dieser Ersatzteile zu gewähleisten, wurden jedem Mitbewohner bei dem Einzug Stammzellen und etwas Blut entnommen.

Nachdem der benachrichtigte Arzt mich untersucht hat und zu dem gleichen

Ergebnis wie der Spiegel kommt, wird für die Herstellung eines neuen Organs grünes Licht gegeben. Dieses Material dient dann als Ausgangsmaterial um in einem 3D-Drucker das neue Organ herzustellen.

Die Stammzellenforschung hat sich in diesem Fall als besonders wichtig herausgestellt. Stammzellen können sich in jede Zellart des eigenen Körpers verwandeln, so dass sehr viele Krankheiten durch ihren Einsatz geheilt werden können. Selbst Krebs im Frühstadium oder schwere Verletzungen im Bereich des Rückenmarks.

Gott sei Dank war das bei mir noch nicht der Fall. Ich kenne aber einige der Mitbewohner die sich Dank dieser Technik wieder ihres Lebens erfreuen.

Der alte Menschentraum, das ewige und immer gesunde Leben wird weiterhin ein Traum bleiben. Und das, obwohl dieses Thema, das Leben um etliche Jahre verlängern zu können, intensiv erforscht wird.

Aber ist ein ewiges Leben wirklich so erstrebenswert? Fühlt man sich dann nicht wie vor einem Fernsehgerät, in dem ständig nur Wiederholungen gesendet werden?

Vielleicht sind nur die Akteure und die Orte der Handlungen andere, vielleicht ist auch die Handlung in Details etwas verändert, aber es kommt sicherlich zu vielen ähnlichen Szenen wie wir sie immer und immer wieder erlebten. Ab einem Zeitpunkt hört oder sieht man nicht mehr hin, sondern wendet sich gelangweilt ab.

Die Politologin Prof. Ingrid Schneider und der Medizinhistoriker Prof. Philipp Osten befassten sich mit der Frage was mit der Unsterblichkeit eigentlich gemeint ist.

Schon in der Antike wurde der Wunsch nach einem ewigen Leben beschrieben.

Während man sich damals das ewige Leben im Jenseits vorgestellt hatte, ist unsere Generation bestrebt es schon im Diesseits kennen zu lernen.

Obwohl es uns doch klar ist, dass ein neugeborenes Kind im Moment seiner Geburt schon seinem Tod entgegen strebt, wollen viele dieses nicht für den eigenen Körper akzeptieren.

Die philosophische Aussage:

Alles Sein ist Sein zum Tode, bringt uns in diesem Thema auch nicht weiter.

Gott sei Dank hat die Philosophie dann doch nicht soviel Kraft alles für sich in Anspruch nehmen zu können!

An eine mögliche Unsterblichkeit der Seele wurde noch bis zur Mitte des 19.Jahrhunderts von den Theologen und später den Philosophen festgehalten. Seit dem sind die Naturwissenschaften und die Medizin wegweisend.

Fest steht, dass sich die Seele nicht vermessen lässt, und somit stellt sich den Medizinern das Thema ob die Seele stirbt oder nicht, in keinster Weise.

Im Mittelalter gab es in den christlichen Kirchen den Streit, ob am jüngsten Tag die Seele wieder in den Körper zurückkehren wird, und der Tote dann wieder aufersteht.

Auch die Frage des Alters bei diesen Personen war nicht zweifelsfrei zu benennen.

Ein ähnliches Problem stellt sich bei der Kopftransplantation. Noch gibt es diese Transplantationen nur in der Theorie, aber es gibt seit Jahren Ankündigungen und Versuche.

Wenn etwa ein Körper den Kopf eines gelähmten erhalten würde, wie alt ist dann der Empfänger, wie würde sein Name lauten, was ist für den Menschen entscheidender bei der Frage: Wer, und wie alt bin ich?

Tatsächlich existieren seit Jahren Versuche mit scheinbar gelungenen Ergebnissen.

Vor 100 Jahren hatte man schon einem Kalb einen zweiten Kopf seines Zwillings „angepflanzt"(!). Wie die Geschichte damals geendet hat konnte ich nicht mehr in Erfahrung bringen.

Mein momentanes Leben erinnert mich an ein Buch von Simone de Beauvoirs. Es handelt von einem Mann und einer Maus die unsterblich geworden sind.Der Mann überlebte mehrere Jahrhunderte und sah wie sich die Welt immer und immer aufs Neue veränderte. Er erlebte auch wie die Menschheit Generation für Generation daran glaubte, dass sie nun ein besseres Leben als ihre Eltern haben würden.

Das bessere Regierungssystem, was in dem Buch nicht gefunden worden ist, haben Gott sei Dank in der Realität die Politiker der Welt zu Stande bekommen. Hoffentlich wird es auch noch lange halten.

Im Buch wurde der alte Mann aber immer gleichgültiger. Er kannte schon jede Lebenslage und jede Situation, die das Leben für uns Menschen bereit hält. Ihn konnte nichts mehr erschüttern. Er wusste, dass das Leben ein dauernder Wechsel von Erfolg und Rückschlägen sein würde.

Ich gehe davon aus, dass ich nicht unsterblich sein werde, und das ist auch gut so! In dem besagten Buch überkam den Alten irgendwann viel Angst, dass er und die Maus das Einzige sein werden, was auf der leeren und wüsten Welt sein werden. Wozu dann noch leben? Also sollte man schon Einiges dafür machen, dass der Erde diese Zukunft erspart bleibt. Es liegt an der Menschheit dafür zu sorgen! Aber warum kommt uns Menschen die Erkenntnis immer erst, wenn wir merken, dass wir Geld nicht essen können?

Aber Gott sei Dank sind wir nicht unsterblich. Wo sollten sonst die immer mehr werdenden Menschen leben?

Sicherlich steht aber auch ebenso

fest, dass die Mediziner nicht arbeitslos werden.

Solange in der uns umgebenen Luft sich verändernde Vieren, Bakterien, unbekannte Gase und Stäube befinden, wird die medizinische Forschung immer genug zu tun haben um uns davor zu schützen. Wenn am Ende dann ein längeres Leben dabei herauskommt, ist doch zunächst sicherlich eine schöne Aussicht.

Oder nicht?

Wenn man aber bedenkt, dass der scheinbar einfache Schnupfen bis heute, 2070 immer nur gelindert, aber nicht total besiegt werden konnte, ist es nicht schwer, sich vorzustellen wie lange es unter Umständen bei ernsteren Erkrankungen dauern kann.

Aber nicht nur die Medizin hat sich durch die Forschung weiter entwickelt.

Auch die Energieversorgung hat es geschafft sich weltweit auf eine Energiequelle zu einigen. Die Sonne.

Nach vielen Monaten und noch mehr Verhandlungstagen und Nächten konnten sich die führenden Industrienationen auf eine gemeinsame Forschung und Zusammenarbeit im Bereich Solarenergie einigen.

Dieses gelang, als deutlich abzusehen war, dass der weltweite Vorrat an fossilen Brennstoffen zu Preisen, die eine Förderung wirtschaftlich noch so eben vertretbar machten, nur noch 10 Jahre reichen würde.

Gleichzeitig hatte sich der Klimawandel extrem beschleunigt, dass selbst Staaten, welche an der Quelle von herkömmlichen Rohstoffen waren, sich an den Forschungen zu Sonnenenergie so gut sie konnten beteiligten. Betriebe die sich mit dem Bau von Sonnenkollektoren und deren Zuliefertanten schossen quasi weltweit aus dem Boden. Wer zeichnete sich dabei federführend?

Richtig: China!

Die chinesische Regierung hat riesige Gebiete in Afrika um den Äquator angemietet bzw. gekauft und dort ihre geförderte Solarenergie-Hersteller etabliert.

Parallel schwang die Fahrzeugindustrie mit ihren Antrieben von den Verbrennungsmotoren total ab. Elektromotoren wurden ja schon 2020 von einigen Autoherstellern angeboten, aber sie benutzten immer noch Gummireifen, deren Abrieb für viele Atemwegserkrankte ursächlich war.

Erste Versuche mit der Fortbewegung durch Magnetismus lieferte 2025 gute Ergebnisse und so wurde die Herstellung von gummibereiften Antrieben mit sehr hohen Auflagen und Zöllen verbunden, so dass sich diese Antriebssysteme nicht mehr rentierten.

Führend in der Herstellung von magnetischen Schwebeantriebe für Fahrzeuge aller Art war von Anfang an und ist es bis heute?

China. Wieder einmal!

Weltweite Patente bescherten China Wohlstand und Reichtum, von dem frühere führende Wirtschaftsnationen in ihren besten Jahren nur geträumt hatten.

Züge schweben ja schon seit beinahe 100 Jahre auf Schienen. Wenn auch nur auf ausgesuchten eigenen Strecken, die Technik ist also gar nicht so neu.

Das der Magnetantrieb zusätzlich noch

Energie einspart ist ein weiterer Pluspunkt.

Aber ich möchte wieder zu meinem Tageslauf zurückkehren.

Nachdem ich meine Morgentoilette beendet, mich angekleidet und einige allmorgendliche Kniebeugen als Beweis meiner „Sportlichkeit" hinter mich bringe, mache ich mich auf den Weg zum Speisesaal. Es ist immer wieder für mich ein Erlebnis von dem Transportband wie man es von Flughäfen kennt, zum Essenssaal oder zu einem anderen Gemeinschaftsraumraum befördert zu werden. Einen Wechsel auf ein anderes Band wird durch eine Berührung des elektronischen Zimmerschlüssel, der eigentlich ein kleiner Computer ist, auf den entsprechenden seniorengerechten großen Sensor durch ein kurzes Anhalten des Bandes ermöglicht. Die Zeiten in denen man sich umständlich mit einem Treppenlift oder in einen viel zu kleinen Aufzug zwängen musste sind Gott sei Dank lange vorbei.

Was mir bei dem ganzen technischen

Fortschritt nicht gefällt, ist die Situation bei der Essensausgabe. Nicht die Tatsache, dass man dabei tatsächlich selber gehen muss, sondern dass dabei niemand mehr von den früheren Pflegemitarbeitern/innen zu sehen ist.

Da an den beiden Ein- bzw. Ausgängen die Personen gezählt werden und der weitere Einlass bei vollständiger Stuhlbelegung in den Saal die Drehkreuze das Betreten verhindern, ist die Angst keinen Sitzplatz zum Essen zu haben, unbegründet.

An der Essensausgabe ist ein Transport-band der Lieferant unserer Speisen. Auch hier kommt der Zimmerschlüssel zum Einsatz. Wenn das Tablett, an dem die Codenummer mit der meines Schlüssels identisch ist, weiß ich, das ist mein Essen mit den am Monatsanfang bestellten Speisen.

Einen Sitzplatz muss ich dann aber wieder selber suchen.

Die Verpflegung ist immer sehr schmackhaft zubereitet. Es ist absolut nicht erkennbar, dass es sich in fast allen Produkten um gentechnisch veränderte Nahrungsmittel handelt.

Nach zähen Verhandlungen hat sich weltweit die Erkenntnis durchgesetzt, dass ein großer Teil der mittlerweile nachgewachsenen Bevölkerung nicht mehr, wie vor 50 Jahren, mit Lebensmittel versorgt werden kann.

Das tolle ist auch, dass wir seit 30 Jahren eine Weltregierung auf der Erde haben.

Die Länder produzieren gebündelt, je nach Möglichkeit eine vorgegebene Menge und Bedarf monokulturell.

Die letzten Gegner der genmanipulierten Lebensmittel sind dann im Jahr 2030 verstummt, weil sie erkennen mussten, dass mit einem traditionellen pflanzlichen Anbau, die sich weltweit abzeichnende Hungersnot, nicht hätte abgewendet werden können.

Während im Jahr 2020 etwa 38% der weltweiten Fläche zum Anbau reichte, sind es nun im Jahr 2070 schon 2/3 der Landfläche. Wenn man dann bedenkt, dass ja nicht überall auch Landwirtschaft betrieben werden kann, in Wüsten und in felsigen Gebirgen, ist es nicht schwer sich vorzustellen, dass die geeignete Fläche um ein vielfaches größer ist.

In Japan wurden schon im Jahr 2015 in „Pflanzenfabriken" 20 Mal im Jahr Salat geerntet. Wobei der Anbau aus Platzmangel vertikal gestaltete.

Da davon auszugehen ist, dass die Zahl der Weltbevölkerung aber weiterhin größer wird, könnte die Versorgung mit Lebensmittel nicht das Hauptproblem sein. Platzmangel wird sich schon in einigen Jahren abzeichnen.

Nur gut, dass scheinbar alle wichtigen Positionen in Politik, Wirtschaft und Forschung von verantwortungsvollen, klugen Personen besetzt sind. So konnten diese 3 Säulen unserer Verwaltung und Gestaltung des Lebens zur Zufriedenheit aller sinnvoll tätig werden.

Parallel wurde aber das ins Auge gefasste „Terraforming", also die Besiedlung des Mars, nicht in Vergessenheit geraten. Den Anfang hatte ein internationales Team 2030 mit einem ersten Besuch auf dem Mars gemacht.

Bis Heute konnte die Planung auch schon in einigen wichtigen Punkten abgeschlossen werden.

Zum Beispiel ebenfalls die genmanipulierte Landwirtschaft.

Gebündelt wird heute nicht nur Politik gemacht, sondern ebenfalls haben sich als effektiv folgende andere Bereiche mit gebündelter Aktivität bewährt.

Forschungen allgemein ins besondere Fahrzeug und Maschinen-Technik, Medizin, Energie, Raumfahrt und natürlich das Weltklima.

Roboter und Computer bestimmen nun mein Leben.

Als ich noch 70 Jahre alt war, hatte ich schon einige Probleme mit dem Verstehen der Techniken von Handy, Fernseher, moderne E-Herde, Microwellen Geräte, Laptop und PC. Was aber nun alles mit Computern oder Robotern möglich ist, geschweige denn, wie es funktioniert, will mein Gehirn einfach nicht mehr speichern.

Die neuzeitliche Welt wird von dem Tempo der Computer und Co. bestimmt.

Es gibt kaum noch Bereiche im Leben,

in denen Computer nicht irgendwie involviert sind.

Hier in unsere hoch modernen und technisch auf dem noch neusten Stand befindlichen Unterkunft spüren wir den Fortschritt an allen Ecken und Enden. Im wahrsten Sinne des Wortes. Kommt man einer Ecke oder dem Ende im Flur zu nahe reagiert ein ins Mauerwerk eingelassener Sensor und lässt zunächst eine rote Warnlampe blinken. Wird eine kritische Distanz unterschritten, ertönt ein dezentes aber deutlich vernehmbares Signal.

Eine Kombination aus Chips und weiterer Elektronik steuern die Raumtemperatur, Beleuchtung und Belüftung in den Räumen und Fluren.

Die Beleuchtung kann so gesteuert werden, dass nur meinem Nahbereich, also dort wo ich mich hin bewege oder aufhalte angeht.

Der neuste „Schrei“ soll wohl sein, dass wir diese Elektronik mit unseren Gedanken steuern können.

Ich bin aber froh, dass dieser technische Fortschritt noch nicht bei uns Einzug gehalten hat.

Wie eine Selbstproduktion von Computern, funktioniert, entzieht sich leider meiner Kenntnis, aber ich bin sicher, dass sie nie so sein werden wie wir Menschen. Optisch vielleicht, aber immer noch ohne Seele.

Wenn ich sehe, dass Autos heute schon selbstständig fahren, und die Insassen sich entspannt während der Fahrt einen Film ansehen, finde ich es schon schade, dass der individuelle Spaß am chauffieren nicht mehr vorhanden ist. Wo ist das Anfahren mit quietschenden Reifen geblieben? Um eine Kurve driften, leider nicht möglich!

Selbst ein Cabrioverdeck lässt sich bei einer Außentemperatur von unter 10 Grad-Celsius bei dem schönsten Sonnenschein nicht mehr öffnen.

Für einen eingefleischten Cabriofan, wie mich, ein Un-Ding! Gut ist natürlich, dass Staus und wahrscheinlich auch Unfälle der Vergangenheit angehören.

Wobei: Bei den Unfällen bin ich mir nicht so sicher. Es gibt bestimmt irgendwelche Fahrer die selbst das eigentlich Unmögliche schaffen.

Ideal ist es aber, wenn ein vernünftiges Gehirn und ein Computer zusammen agieren können.

Das menschliche Gehirn, ist häufig deutlich langsamer als ein Computer, aber es kann Dinge, die ein Computer wohl nie schafft. Es kann verschiedene Probleme gleichzeitig lösen, es kann sich blitzschnell in neue Situationen einfügen, es kann Muster erkennen und von einander unterscheiden bzw. zu ordnen und es lernt selbstständig immer dazu.

Wenngleich führende Wissenschaftler dieses Genre die Meinung vertraten, dass etwa im Jahre 2050 den Computern soviel Kapazität zur Verfügung steht, um ebenso gut zu sein wie das menschliche Gehirn. Und das, obwohl es noch nicht komplett klar ist, wie es im Detail funktioniert und wie Gedanken entstehen. Niemand kann Heute sagen wie das Gehirn eines kleines Wurmes funktioniert.

Nun ist das Jahr 2070 und Es ist immer noch nicht möglich ein menschliches Gehirn vollständig nachzubauen. Wir erkennen somit also: Selbst Wissenschaftler haben nicht immer Recht.

In der Frage des Bewusstseins gab es damals schon keine Angaben von der Fachwelt, und so ist es die letzten Jahre bis heute geblieben.

Was eine der Voraussetzungen zum wissenschaftlichen Zusammenschluss der meisten Staaten der Erde war, ist die erstaunliche Tatsache, dass es seit 2021 keine Kriege mehr auf der Erde gegeben hat.

Selbst die gläubigen Islamisten haben irgendwann eingesehen, dass ein verhungerter Krieger ein toter Krieger ist und ein toter Krieger nicht mehr kämpfen kann. Auch wenn sie zunächst der Meinung waren, Hunger ist von Allah gewollt und sie müssen dann eben verhungern.

Abgesehen von den immer blöden Fundamentalisten natürlich.

Irgendwann haben sich aber doch auch

die Staaten des Orients zu einer friedlichen Co-Existenz mit andersgläubigen entschlossen und sich dem „Rest“ der Welt angeschlossen.

Der Weg zur zentralen Weltregierung war ein schwieriger und steiler, aber nach vielen Diskussionen und monatelangen Verhandlungen konnte man sich doch wider erwartend einigen und mit Wahlen das Weltparlament bilden.

Eine Anzahl von überwiegend jüngeren Politiker bildeten dann die Weltregierung. Da viele der Parlamentarier mittlerweile schon um die 100 Jahre alt waren, hielt man es für richtiger „junge“ Frauen und Männer an die Macht zu lassen. Wobei „jünger“ bedeutet, so um die 60 Jahren.

Xxxxxxxxxx

Ich habe die die letzten 50 Jahren einigermaßen unbeschadet überstanden.

Damit meine ich nicht meine Krankheiten, sondern dass ich unfallfrei über die Runden kam. Dass an mir zum

Ende meiner sechziger Jahre allmählich der Zahn der Zeit nagte, merkte ich mit einem beklemmendem Bewusstsein. Meine körperliche Leistungsfähigkeit verschwand sehr schnell.Für mich zu schnell! Das hat mich doch sehr erstaunt. Ich versuchte noch mit „Seniorensport“ und etwas Krafttraining zu retten, was zu retten möglich war, konnte meinen Level aber nicht mehr verbessern. Was mir gelang war, ihn doch noch über Jahre zu erhalten.

So musste ich rückblickend erkennen, dass die Welt sich doch deutlich verändert hatte. Nicht nur, dass wir Menschen viel mehr geworden waren, sondern sich wesentliche Dinge, die ich aus früheren Zeiten kannte nicht mehr da waren oder sich vollkommen optisch und in der Anwendung verändert hatten. Natürlich ist es schön zu erkennen, dass es keinen Hunger und keine Kriege mehr auf der Erde gibt. Ebenso begrüße ich die deutlichen Verbesserungen in der Medizintechnik. Man könnte meinen, dass ich doch hätte zufrieden sein könne. Richtig! Aber ich bin mir da nicht so ganz sicher. In vielen anderen persönlichen Dingen habe ich so meine Schwierigkeiten.

Etwas, das mir besonders zu schaffen macht, ist die Tatsache der sich ständig veränderten technischen Erneuerungen. Von Anbietern irgendwelcher Waren wird immer angenommen, dass jeder ein Handy oder einen PC der neuesten Generation hat. Vorausgesetzt wird ebenfalls immer, dass jeder alles versteht und es auch noch fachgerecht nutzen kann.

Will ich mich dann beschweren, heißt es: Das können Sie doch herunterladen. Da ich aber dieses ältere Gerät besitze, ist es nur eine Frage der Zeit, bis ich zu lesen bekomme, mein PC sei nicht tauglich für die eine oder andere Anwendung. Oder mein Gerät sei zu alt. Aber vielleicht bin ich nicht mehr tauglich oder zu alt für eine fachgerechte Anwendung. Ggf. traute man nicht es mir zu sagen. Ich habe mittlerweile aufgegeben mich darüber zu ärgern. Ich lasse den Zug des technischen Fortschrittes einfach ohne mich weiterfahren. Ich finde es ziemlich schade, dass wir Alten da nicht mehr mit genommen werden. Klar es gibt gelegentlich Kurse für

Senioren. Aber auf die Frage wie man diese erreichen soll, ohne Fahrer, denn selber fahren sollte man ja auf keinen Fall, sieht man nur in ein unwissendes Gesicht und ein ebensolches Schulterzucken.

Ich möchte Ihnen, liebe Leser, an dieser Stelle in Auszügen von einem Besuch bei der Familie Blumbach berichten, wie sich zwei fiktive Menschen, Karin Pittermann und Peter Seipel das Leben im Jahr 2020 vorstellten, also, wenn es schon 2070 wäre. Sie veröffentlichten ihre Vision in der AOK Service-Zeitung.

„Tochter Maja Blumbach wirft der Robotic-Küchenmaschine vor, immer nur Müsli zum Frühstück zu programmieren. Doch die arme Maschine kann nichts dazu. Ihre Mutter, die Ärztin ist, hat sie so programmiert. Maja muss leider weiterhin auf die leckeren Pamcakes verzichten, denn sie bekam schon in ihrem jungen Alter von 14 Jahren eine künstliche Bauchspeicheldrüse und muss mit dementsprechender mit Nahrung versorgt werden.

Als ihre Mutter sie wie so oft darauf belehrend hinwies, verdrehte Maja wie so oft die Augen zur Decke. Sie konnte nicht sagen wie oft sie gehört hatte, dass sie froh sein solle, weil das künstliche Organ selbstständig Insulin herstellt und in angemessener Dosierung und zum richtigen Zeitpunkt der jungen „Dame" zuführte.

Wenn auch ihr Blutdruck gut war, was sie ihrem Handballspiel verdankte, aber nun ging es um die richtige Nahrung. Maja nahm sich vor beim nächsten Onlinetraining ihren Coach nach seiner Meinung zu fragen. Er hatte ihr schließlich erlaubt, hin und wieder etwas süßes zu essen.

„Dann kläre bitte mit ihm, was in diesem Fall „hin und wieder" genau bedeutet, mischte sich der Vater Blumbach abschließend ein. Somit war das Thema erst einmal beendet.

Er hatte erst kürzlich mit 45 Jahren einen leichten Herzinfarkt gehabt und muss sich immer noch etwas schonen. Erst an diesem Morgen hatte er über den onlinefähigen Spiegel im Badezimmer die Erinnerung, zum Kontrolltermin am Vormittag in der

Klinik bekommen. Aber vorher wollte er noch seinen Gesundheits-Homechchek machen. Dazu reichte ihm seine Frau die kleine Box in der sich alle erforderlichen Gerätschaften befanden. Er nannte die Schachtel immer scherzhaft seine kleine Privatpraxis.

Ein Blutdruckmessgerät, ein Home-EKG-Gerät und ein spezielles Gerät zur Datenübermittlung an das kardiologische Diagnosezentrum, welches aus Sicherheitsgründen unabhängig von den üblichen Telefonnetzen über eine spezielle Funkverbindung zu erreichen ist.

Nach dem er das Krankenhaus betreten hatte, stellte sich Lukas Blumbach vor einen Scanner. Nachdem dieser ihn über die Gesichtserkennung identifiziert hatte, konnte er eine Hand auf eine Sensorplatte legen.

Innerhalb von zehn Sekunden werden Atemfrequenz, Herzfrequenz, die Körpertemperatur und der Blutdruck erfasst. Um die Blutwerte festzustellen, musste der Vater den rechten Ringfinger in eine kleine Mulde legen.

Eine feine Injektionsnadel stach in die Fingerkuppe und entnahm einen Tropfen Blut. Ein Mini-Labor meldet innerhalb von einigen Minuten die Analyseergebnisse an die elektronische Patientenakte. Während er auf die Anzeige der Werte wartete, kam er mit seinem Sitznachbar, einem jungen Mann, ins Gespräch dem er zusah wie dieser sich einen Turnschuh fester zu band.

Er zeigte auf die täuschend echt aussehende Arm- und Handprothese des Mannes.

„Die kann aber was" staunte Herr Blumbach. Gelassen zuckte der angesprochene mit den Schultern und meinte nur. Dass sich die Prothese ganz intuitiv über eine gedankliche Steuerung bewegt. Nervenimpulse würden von einem Mikroprozessor gemessen und mittels Minimotoren sowie anderen beweglichen Kleinteilen in die gewünschte Bewegungen umgesetzt. Aber es musste zunächst viel geübt werden.

Zur gleichen Zeit bereitete sich seine Frau Sophie in ihrer Praxis auf die anstehende Videosprechstunde vor, indem sie sich zunächst mit den elektronischen Patientenakten (ePAs)vertraut machte. So konnte sie danach Patienten, welche die Praxis nicht aufsuchen konnten, über den Bildschirm medizinisch versorgen. Ein Gespräch ist dabei immer noch ein wichtiger Therapiepunkt. Über jeden Pc-Bildschirm oder ein Handy können die notwendigen schriftlichen Belege wie z.B.Überweisungen, Krankschreibungen oder Rezepte empfangen und mit einem Drucker ausgedruckt werden.

Zwei Stunden später konnte sie dann ihren ersten Patienten in ihren Behandlungsraum bitten.

Unterdessen wurde ihr Ehemann im Krankenhaus zur Kontrolluntersuchung von einem Arzt ins Behandlungszimmer gebeten.

Der Mediziner hatte sich mit den schon übermittelten Werten vertraut gemacht und war einigermaßen zufrieden. Dennoch wollte er ein 3D-Ultraschall vom Herzen und den angegliederten Gefäßen machen.

Ein 3D-Drucker produzierte eine spezielle kleine Kanüle, die der Bestimmung der Durchblutung diente. Diese eingeführt in eine Arterie, sollte die Schallreflexion verbessern.

Der Arzt war mit dem Untersuchungsergebnis zufrieden, konnte es aber nicht lassen seinem Patienten zum wiederholten Mal ein Online-Coaching ans Herz zulegen.

Der Gefäßspezialist redete mit „Engelszungen", aber erfolglos. Im Gegensatz zu ihm, ist sein Sohn Julius begeisterter Online-Work-Outer mittels einer Smartbrille.

Sophie schaute ihrer Mutter auf einem Bildschirm zu, die trotz ihres hohen Alters in ihrer eigenen Wohnung lebt, wie sich die alte Dame auf ihren Pflegeroboter stützte und die Übungen zur aufrecht Erhaltung der körperlichen „Fitness" absolvierte. Er sprach seine Anweisungen mit einer warmen freundlichen Stimme. Über einem Bildschirm zeigte er der Mutter gymnastische Übungen für Senioren der Altersgruppe 3.

Die Seniorengymnastik war in 3 Altersgruppen eingeteilt. Gruppe 1 war von 60-70 Jahren, die Gruppe 2 ging bis 90 Jahren und die Gruppe 3 dann über 90 Jahren. Die 3 Gruppen sollten aber, so ist die Planung bald mit der Gruppe 4 erweitert werden. Ich bin gespannt zu sehen, was die dann machen müssen, wenn sie noch können.

Wahrscheinlich Augen auf und Augen zu. Das eine Mal im sitzen und ein anderes Mal im stehen!

Aber bis Gruppe 3 könnte den immer älter werdenden Menschen eine individuellere, dem Alter entsprechende Gymnastik verordnet werden. Dann gab es noch für jede Gruppe Unterteilungen von a bis f, je nach dem vorliegendem Gesundheitszustand und der körperlichen und geistigen Befähigung.

Seit ihrem leichten Schlaganfall wurde nach und nach die Wohnung ihrer Mutter mit aktiven Sicherheitselementen versehen.

Sensoren an den Wänden und im Boden registrierten und meldeten fehlende Aktivitäten die durch einen Sturz verursacht wurden. In solch einem Fall wäre über die Telefonanlage sofort selbstständig ein Notruf auf sämtliche im Verbund angemeldeten Telefone ein SMS-Text abgesetzt.

Falls das einlaufende Badewasser vergessen worden wäre, würde sich der Zulauf bei einer bestimmten vorher eingestellten Wassermenge selbstständig ausschalten.

Grundsätzlich sind in allen Räumen Funkmikrofone mit dem Pflegeroboter, der auch als Notrufsäule fungiert, verbunden.

Der Pflegeroboter hat zur besseren Verständigung natürlich auch einen Namen. Sophie hatte ihn in Absprache mit ihrer Mutter auf den Namen Jupp getauft. Der Name ist kurz und gängig, wenn man an den irdischen Vater von Jesus denkt.

Jupp konnte, da er durch Räder beweglich und selbstständig steuernd war, etliche Dinge machen, ähnlich wie ein Butler.

Auf Zuruf stellte der rollende Pflegeassistent Telefonverbindungen her. Er

Serviert die in der autonomen Küche zubereitete Speisen und Getränke oder tätigte auftragsgemäß Bestellungen im Internet. Lieblingsmusik oder Sendungen im TV, Radio oder vom Tape einzuschalten war eine weitere

Fähigkeit von Jupp. Sollte sich Besuch an der Haustür bemerkbar machen wollen, blinkt an den Zimmerdecken der Räume, in den sich jemand aufhielt, eine rote Lampe. Die Anwesenheit von Personen in den Räumen wiederum würde von Infrarot Sensoren erkannt. Man konnte aber auch bequem zwischen einer akustischen oder einer optischen Klingel wählen.

Bei all diesen technischen Errungenschaften musste der Sohn Julius, der zu der Zeit des Besuchen von Karin Pittermann und Peter Seipel bei den Blumbachs unter einer starken Erkältung litt, kräftig schnäuzend feststellen, dass technisch so viel geht, aber die läppischen Schnupfenviren bekämen die Mediziner einfach nicht in den Griff.

Das war vor 40 Jahren und ist leider immer noch ein Problem.

Es gibt eben Dinge die ändern sich wahrscheinlich nie, oder dauern Generationen, bis sie sich den neuen Gegebenheiten anpassen.

Im Jahr 2020 hatte ich deutliche Probleme mit der Volkskrankheit

Altersdemenz. Meine Vergesslichkeit machte mir sehr zu schaffen. Es ging manches Mal so weit, dass ich mich mit dem Gedanken vertraut machte, mein Leben zu beenden.

Da ich aber den Zeitpunkt so weit wie nur möglich hinausschieben wollte, bestand natürlich die Gefahr, dass ich den Moment verpassen würde und mich nicht mehr an dieses Vorhaben erinnern würde.

Früher haben wir jungen Menschen über diese Krankheit, damals war für uns Demenz und Alzheimer das selbe, Witze gemacht, wie zum Beispiel: "Alzheimer ist gar nicht so schlimm, man lernt jeden Tag neue Leute kennen. Ist doch bestimmt interessant!"

Wir wussten nicht was Menschen durch machten, bis es dann irgendwann so weit war. Leider hat nicht jeder das Glück Alzheimer im Kreis einer liebenden und pflegenden Familie zu bekommen.

Die Deutsche Alzheimer Gesellschaft veröffentlichte 2018, *dass die Zahl der Betroffenen bis zum Jahr 2050 von 1,7 Millionen Menschen in Deutschland, falls es bis dahin keine heilende*

Behandlung und ein vorbeugender Lebenswandel bzw. eine vorbeugende Medikation gibt, auf 3 Millionen Betroffene erhöhen wird.

Die häufigste Form der Demenz ist die Alzheimer´sche Krankheit mit bis zu 60%. Erst mit bis zu 30% folgt die Demenz, die ihre Ursache in schlechter Durchblutung des Gehirnes hat. Hierbei kommt es wegen der Mangeldurchblutung, je nach Ausmaß, zum Absterben etlicher Nervenzellen.

Diese Art der Demenz ist nicht umkehrbar und macht etwa 90% der Fälle aus.

Die restlichen Demenzerkrankungen haben ihre Ursachen in Grunderkrankungen meist außerhalb des Gehirnes. Stoffwechselstörungen, Vitaminmangel, Vergiftungserscheinungen durch Alkohol und Medikamente sind dann die Ursache einer Demenz.

Obwohl die genannten Grunderkrankungen behandelbar, ja sogar heilbar sind, ist für demenzkranke keine Heilung in Sicht.

Deshalb liegt das Hauptaugenmerk darin, die Lebensqualität der Betroffenen, und wenn nötig auch der Angehörigen, zu verbessern.

Gott sei Dank habe ich nun keine Angehörigen mehr. Somit brauche ich mir keine Sorgen machen, dass sie mich pflegen müssten. Da ich es teilweise bei meiner Mutter gemacht hatte, ist es mir nicht unbekannt, wie psychisch belastend so ein Leben für Angehörige ist.

Nun bin ich also 120 Jahre alt geworden und stelle mir nicht zum ersten Mal die Frage, ob ich das eigentlich wirklich will.

Als ich meinen 100sten Geburtstag erleben durfte, war ich ziemlich einsam. Gefeiert habe ich schon lange nicht mehr, nicht erst seit meine liebe Frau von mir gegangen ist. Mittlerweile sind auch die Bekannten und der einzige Freund von dieser sich ständig verändernden Welt verschwunden.

Ja, die Welt hat sich in den letzten 50 bis 60 Jahren stark verändert.

Leider nicht immer zu ihrem Besten. Selbst der technische Fortschritt in Medizin und Technik sind nicht immer ein Segen für Alle.

Ich denke da an die leider gelungenen Versuche, mit einem 3D-Drucker ein künstliches Lebewesen zu erschaffen. Man meinte: Nur für wissenschaftliche Zwecke. Das mag ja für die Wissenschaft wichtige Erkenntnisse gebracht haben, aber dass diese Geschöpfe auch fortpflanzungsfähig sind, halte ich doch für sehr bedenklich. Klar, im medizinischen Bereich können solche Retorten-Wesen sicherlich hilfreiche Versuchsobjekte sein, es sind ja keine Tiere im eigentlichen Sinn (oder doch?), aber der Schritt zum Missbrauch ist sehr, sehr klein!

Als ich alleine in unserer damaligen Wohnung lebte, fühlte ich mich nicht mehr wohl und war auch sehr verunsichert. Die 3 Stufen zu der Erdgeschosswohnung waren ja keine große Herausforderung für mich, aber den Weg aus der Waschküche, die sich im Keller befand, zurück in meine

Wohnung haben mir meine Beine schon übel genommen.

Eigentlich war ich immer ein Mensch der mit Einsamkeit ganz gut klar kam, aber ab meinem 80. Geburtstag hatte ich doch hin und wieder das Bedürfnis ´mal mit jemand anderem zu reden. Dass mir bald das Pflegepersonal lieber als Gesprächspartner werden würde, konnte ich zum damaligen Zeitpunkt noch nicht wissen. Immer öfter musste ich erkennen, dass viele meiner alten Gesprächspartner geistig nicht mehr genug auf der Höhe waren, um ein vernünftiges Gespräch zu führen oder zu Ende zu bringen.

Was mir aber auch aufgefallen ist, das war die Tatsache, dass meine Mitbewohner und natürlich auch ich, immer weniger Lust zum reden hatten. Ich habe oft darüber nachgedacht, warum das so ist. Ich bin zu der Erklärung gekommen, dass es wahrscheinlich an unseren Gehirnen liegen muss.

So wie die Arme und Beine zur Bewegung Energie benötigen, so benötigt das Gehirn ebenfalls Energie. Aber genauso wenig, wie unsere Muskeln über die

Nahrung zugefügte Energie aufnehmen und in Bewegung umsetzen können, so wenig kann unser Gehirn ständig arbeiten. Nichts anderes ist es nämlich, wenn wir uns unterhalten, oder lesen, oder ein Bild malen, oder einfach nur denken!

So gesehen, hatte ich noch Glück, dass ich im Kopf noch einigermaßen fit bin. Ich muss gestehen, dass ich mit Siebzig Jahren begann zu verzweifeln, als ich merkte, dass meine Vergesslichkeit (netter klingt: Verminderung der Merkfähigkeit - ist dadurch aber kein bisschen besser!!!) deutlich zu nahm. Ich habe dann versucht gezielt den Ratschlägen der Medizinern Folge zu leisten und so oft es möglich war Gehirn-Training gemacht.

(Wenn ich es nicht vergessen hatte!) Aber es ist Fakt, dass trotz Gehirntraining, Gymnastik und Kraftsport wird der menschliche Körper immer weniger leisten können.

Auch so ganz selbstverständliche Fähigkeiten wie das Sehen oder das Hören lassen nach.

Aber allgemein kann man sagen, dass

sämtliche Sinne nicht mehr so funktionieren wie wir es von früher her kannten.

Ich habe natürlich in den letzten 50 Jahren miterleben dürfen, wie die Welt sich auf der einen Seite zu ihrem Vorteil und auf der anderen Seite leider im gleichen Maß zum Nachteil der Natur, der Pflanzen- und der Tierwelt, verändert hatte.

Wenn man Statistiken glauben kann, dann hat die Weltbevölkerung von 7 Milliarden Menschen, zunächst bis zu dem Zeitpunkt im Jahr 2030 an dem die Pille für ein langes Leben erfunden wurde, auf 10 Milliarden Menschen zugenommen. Da kam die erste Landung einer Gruppe Menschen auf dem Mars gerade noch rechtzeitig. Auf dem Mars sollten zur Verbesserung der Atmosphäre Anpflanzungen vorgenommen werden. Somit war der erste Schritt für eine Marsbesiedlung gemacht.

Es war zwar für die steigende Menschenzahl auf der Erde genug Platz zum Leben vorhanden, aber dadurch verminderte sich Land zur Bewirtschaftung für Lebensmittel. Die notwendigen Rodungen von Wäldern verschlechterten zwangsläufig das Klima auf der Erde. Die Zusammensetzung der Luft verschlechterte sich durch die geringere Sauerstoffproduktion der kleiner gewordenen Pflanzenwelt. Auf der Erde hat man aber Gott sei Dank noch rechtzeitig die Notbremse gezogen. So erkannte man, dass es so nicht weiter gehen konnte. Zunächst wurden auf der gesamten Erde Parks und unbebaute Grundstücke zur Agrarnutzung enteignet bzw. bewirtschaftet. Der Beruf des Landwirtes hat dadurch eine größere Bedeutung bekommen.

Aber nicht nur die Luft wurde schlechter sondern auch meine Sinne. In erster Linie waren es die Sehkraft und das Gehör. Ohne Brille bin ich quasi blind. Das heißt, ich sehe nur eine verschwommene weitestgehende helle Umwelt. Von großem Vorteil ist dabei, dass ich wenigstens die Farben noch unterscheiden kann. Mein schlechtes Gehör wird mit einem Hörgerät einigermaßen unterstützt. Leider nicht zu 100%, so dass ich immer noch viele Geräusche und

Sprachen nicht, oder kaum höre.

Über mein schlechter werdendes Gedächtnis habe ich ja schon geklagt. Durch all diese Einschränkungen fällt mir die Teilnahme an kulturellen Dingen schwerer und wenn ich dennoch an einer Veranstaltung teilnehme, bekomme ich zu 80% nichts mit. Das ist natürlich nicht gerade ein Vergnügen.

Dazu ist natürlich auch die Fitness und die Bewegungsfähigkeit deutlich schlechter geworden. Fehlende Muskelkraft durch Rückbildung der Muskelzellen, die dadurch auftretenden Schmerzen in Armen und Beinen, sowie im gesamten Bereich der Wirbelsäule lassen längere Spaziergänge auch nicht gerade zu einer angenehmen, abwechslungsreichen Tätigkeit werden. Das kann auch ein manueller Rollator nicht wesentlich verbessern. Die Benutzung eines E-Rollator darf man aus Sicherheitsüberlegungen leider nur bis 75 Jahren nach einem Eignungstest, der nach 6 Monaten immer neu bestanden werden muss, benutzen.

Klar, das lange Leben hat natürlich auch Vorteile. Wenn man es vorher wüsste, dass das eigene Leben so um die 120 Jahre lang sein wird, wäre man sicherlich nicht so sauer, wie ich immer war als ich mit 70 Jahren in irgend einen Menschenschlange in irgend einem Supermarkt oder ähnlichem anstehen musste. Dabei wurde mir immer klar, dass Zeit für jemanden der das Rentenalter erreicht hat, und sich ein Bandmaß von einer durchschnittlichen Lebenserwartung von 80 Jahren (= cm) vorstellt und sieht wie kurz der noch verbliebene Rest geworden ist, dann bekommen Minuten die so vertrödelt werden, eine immense Wertsteigerung!

Wer da noch sagt: „Rentner haben immer Zeit!", ist entweder noch jung und hat zwangsläufig noch keine Ahnung, oder ein Ignorant, der die Realität falsch beurteilt. Aber zu der knapp werden Zeit gesellt sich unter Umständen auch noch eine Altersarmut. Was sicherlich für die meisten von uns zutreffen wird, denkt man an das Verhältnis der Erhöhungen der Renten zu den schneller steigenden Lebenshaltungskosten, liegt es auf der Hand, dass man immer isolierter von dem Treiben auf der Welt wird, weil einfach kein Geld für die Angebote da ist. Und wenn es spezielle Seniorenangebote gibt, kann man sich ebenso ausrechnen, dass diese nicht lange Bestand haben werden, weil, wegen fehlender Liquidität keiner sie wahrnehmen kann.

Wenn ich es mir so richtig überlege, ist ein langes Leben nur erstrebenswert für Menschen mit einem Hohen Barvermögen, einer hohen Rente oder andere hohe Einnahmen, wie zum Beispiel Mieteinnahmen.

Vielleicht ist es doch ratsam sich mit etwa 80 Jahren oder wann immer jemand es für sich als richtig erachtet, selbstverantwortlich aus dem Leben scheiden zu wollen.

Ich habe mich schon in jungen Jahren gefragt was wohl der Sinn des Lebens ist und bin zu der Überzeugung gekommen, dass wir Menschen im Vergleich zu beinahe allen anderen Lebewesen ohne wirklichen Sinn auf der Erde sind. Bei den meisten Tieren liegt der Sinn ihres Seins darin, anderen Tieren, also auch uns, als Nahrung dienen. Selbst von Raubtieren wird noch irgend etwas verwendet. Nur uns, die sich am Ende der

Nahrungskette befinden, steht kein sinnvolles Ende nach dem Tode zu.

Seit ich über Hundert Jahre alt bin, vergeht kaum ein Tag, an dem ich nicht darüber nachdenke, welchen Sinn es macht dass wir über Hundertjährigen mittlerweile immer noch leben. Ich habe immer noch keinen gefunden.

Warum muss es so lange sein?

Ein langes Leben mag ja schön sein, wenn Krankheiten und Gebrechen einen großen Bogen um uns machen würden. Doch leider ist dem nicht so. So ist unser hohes Alter eigentlich nur der Kunst der Mediziner zu verdanken.

2020 schrieb Petra Koruhn in einem veröffentlichtem Artikel mit dem Titel „Mit 100 noch Berge versetzen", dass es weltweit 533000 Menschen gab die Hundert Jahre und älter waren. Die UNO geht von einer Schätzung aus, die besagt, dass es im Jahr 2100 11,2 Milliarden Menschen sein werden.

Davon werden etwas über ein Drittel der Bevölkerung über 60 Jahre alt sein.

Wobei die größte Zunahme durch Menschen aus den Entwicklungsländern entstehen wird.

Andererseits gibt es auch Berechnungen für die Zukunft in denen die Zahlen ab 2075 wieder abnehmen würden. Darin heißt es, dass bis zum Ende des Jahrhunderts wieder auf 8,4 sinken soll.

Wie viele es nun 2070 sind, vermag ich nur zu mutmaßen. Ich weiß nur, dass den neuesten Zählungen zur Folge 90% der Weltbevölkerung in den Entwicklungsländern leben.

Aber sicher ist, dass der neue Alterungs-prozess neue Probleme für die Gesellschaft und die Umwelt schafft.

Das waren nun eine Vielzahl von Daten und Zahlen, aber durch die Darstellung ist es vielleicht besser verständlich, dass es nicht mehr nur um uns in Europa, geschweige um uns in Deutschland geht.

Durch die Wunder der Biotechnologie werden spätere Generationen vielleicht ewig leben. Wie das aber alles ordentlich geregelt werden soll, außer durch eine Besiedelung des Mars, kann ich mir nicht vorstellen.

Es kommt hier auf der Erde sehr darauf an, den den Rückgang der Geburten auf der Erde in einer Welt deren Bürger immer älter werden die notwendige Steigerung der Produktionen durch die jüngeren Generationen aufzufangen. Die Frage ist, ob eine Gesellschaft von vielen Alten mit den jüngeren konkurrieren kann und sich in die neuen technischen Entwicklungen ebenso schnell hineinfinden und nutzen kann.

Es hat sich aber noch einiges in meiner Lebenszeit verändert, z.B.:

Gearbeitet wird zum überwiegendem Teil von zu Hause. Den Möglichkeiten des Hologramms sei dank.

Eine Drohne tätigt die Einkäufe und erledigt eine Vielzahl der Dinge die ich früher noch „zu Fuß" machen musste.

Eine rasante Entwicklung hat es ja in der Technologie gegeben.3D-Drucker sind so konstruiert worden, dass sie innerhalb von 3 Tagen ein 6-Familienhaus „erbauen" können. Das wird das Wohnungsproblem aber wegen Mangel an Bauland nicht lösen. So ist man in weiten Teilen in Europa, Afrika und Südamerika dazu übergegangen Superhochhäuser

zu bauen. Die Abholzung der noch verbliebenen Regenwälder ist ja Gott sei Dank zu Gunsten des Weltklimas verboten worden. Dort wo ein Riesenbau nicht möglich ist, hat man den weg in die Erde eingeschlagen. Sicherlich wäre ein Blick aus dem Fenster dort wenig eindrucksvoll, aber zur Lösung der Wohnungsprobleme in verschiedenen Regionen der Erde könne sie deutlich beitragen. Ob dann aber, nach 25 Etagen unter der Erde eine „Unterkellerung" gemacht wird, konnte ich noch nicht in Erfahrung bringen.

Dass eine medizinische Untersuchung überwiegend anders verläuft als vor 50 Jahren, hatte ich ja schon früher erwähnt. Dazu gibt es heute, neben den stationären in Krankenhäuser angebrachten, schon einen handlichen Tricorder. Das ist ein handliches Mess- und Diagnosegerät, wie es im Film Star Treck noch als zukunftversionelles Diagnosegerät beschrieben ist.

Ergebnisse der Untersuchung können

durch eine Schnittstelle mit einem Drucker verbunden und ausgedruckt werden.

Bei wem dieses nicht möglich ist, kann das Gerät bei einem Arzt abgeben. Ärzte haben alle ein Multi Lesegerät, das mit allen Typen von allen Herstellern kompatibel ist.

Praktisch sollte in jedem Haushalt solch ein Tricorder vorhanden sein.

Durch dieses Gerät sind sogar einfache Operationen über eine Ferndiagnose möglich.

Seit 20 Jahren, also seit 2050 können wir bzw. die Mediziner unsere Alterungsprozesse aktiv steuern.

Das was vor Jahren noch in weiter ferner Zukunft war ist wahnsinnig schnell durch den technischen Fortschritt Realität geworden. Ende des 20.Jahrhunderts wollte keiner daran glauben, dass es so schnell Realität werden würde. Es war aber nur möglich, weil die Technologie nicht aufgehört hat sich weiter zu entwickeln.

Ich möchte den Lesern und Leserinnen ein Referat, das von einem Schüler, es war der User balon91 bei der Lerntipp-sammlung.de, im Internet 2020 veröffentlicht wurde, nicht vorenthalten. Er schildert seine Vorstellung von dem Leben auf der Erde im Jahr 2070 von seinem Referat.

(Die Fehler in der Rechtschreibung wurden mit übernommen!)

Wie wird die Welt im Jahre 2070 aussehen? - Referat - *Jetzt leben wir im Jahre 2070. Soeben habe ich 50 Jahre vollendet, aber ich sehe wie ein achtzigjähriger Mann aus. Ich leide an einer Nierenkrankheit, weil ich zu wenig trinke. Ich glaube, dass es mir ein bisschen Leben übrig bleibt. Im Moment bin ich der älteste Individuum in dieser Gesellschaft.*

Ich erinnere mich an meine Kindheit als ich 5 Jahre alt war. Alles war so verschieden. Es gab Parks mit vielen Bäumen, Häusern mit wunderschönen Gärten, wir badeten uns lange im Meer und standen unter der Dusche stundenlang. Heutzutage ist das Wasser mit Mineralölen geschmutzt. Früher waren die Frauen stolz auf ihre schönen Haare, aber jetzt rasieren sie ihre Köpfe, damit sie ihr sauber zu halten, ohne Wasser zu nützen.

In der Vergangenheit wusch mein Vater das Auto mit Wasser aus dem Schlauch. Heute ist es schwer meiner Kinder zu glauben, dass Wasser zu diesem Zweck benutzt war.

Ich erinnere mich an viele Warnzeichen „Verschmutzen Sie das Wasser nicht!", aber niemand achtete auf sie.

Die Menschen dachten, dass das Wasser unbegrenzt ist.

Heute sind alle Flüsse, Seen, Stauseen und das Grundwasser entweder hoffnungslos eingefroren oder sind endgültig vertrocknet.

Die Landschaft, die uns heute umringt, ist nichts mehr als eine endlose Wüste. Die Darminfektionen und die Hautkrankheiten sind der Hauptgrund für den Tod.

Die Überfälle der Menschen sind wegen des Wassermangels.

Früher war es den älteren Individuen emp- fohlen 8 Gläser Wasser zu trinken, heute kann man nur ein halb.

Wir können die Kleider nicht waschen, deshalb werfen wir sie weg und so vergrößern wir die Abfallmenge.

Die Menschen sehen furchtbar aus: ihre Körper sind dürr, runzelich wegen des Wassermangels und sind beschädigt von den ultravioletten Strahlen, die die Atmosphäre nicht mehr filtern kann, weil die Ozonschicht schon zu dünn wird.

Die meisten 20-jährigen Frauen sehen wie 40-jährige wegen ihrer Haut. Es gibt fast keine Bäume und der Sauerstoffmangel immer mehr sinkt.

Die Kinder werde mit Ablenkungen und

Mutationen geboren.

Sogar die Regierung verpflichtet uns eien Steuer für die Luft, die wir atmen, bezahlen. Das Durchschnittsalter ist 35 Jahren. Einige Staaten sind gelungen, einige kleine Inselchen mit Grün und Bächen. Das Wasser ist schon eine seltene Ware, streng geschützt wie ein Schatz, viel wertvoller als Gold und Diamanten.

Es gibt keine Saison mehr. Der Treibhauseffekt und die Verschmutzung haben das gepflegt.

Wir wurden an und von verschiedenen Stellen gewarnt, sich um die Umwelt zu kümmern, aber niemand wollte das hören.

Wenn meine Tochter mich bittet ihr über meine Kindheit zu erzählen, beschreibe ich ihr von der Schönheit der Wälder.

Ich erzähle ihr über das Regen, über die Blumen, darüber, wie angenehm war es ins Wasser zu schwimmen, zu fischen in den Flüssen und zu trinken so Wasser, wie viel wollten. Ich erzähle ihr wie viel gesund waren die Menschen. Sie fragte mich: „Vatti, warum gibt es nicht genug Wasser?“ Ich fühle einen Kloß im Hals....

Ich kann mich nicht unschuldig fühlen, weil ich aus der Nachkommenschaft bin, die die Natur zerstört hat, die auf Warnung nicht gehört hat. Und sie waren so viel.... Ich war aus det Nachkommenschaft die die Sache verändern konnte, aber wir haben die Untätigkeit gewählt.

Jetzt will ich in der Vergangenheit zurückgehen, in einer Zeit, wenn es noch möglich ist, die Erde zu retten.

Heute bezahlen unsere Kinder einen grausamen Preis.

Das ist kein Spiel, sondern schon die Realität. Macht das für deine Kinder, wenn du jetzt keine hast, wirst du irgendwann welche haben. Vererbt ihnen nicht eine Hölle, sondern ein vollwertiges Leben.

Ende der Katastrophe!

Wenn auch die Formulierungen und die Grammatik zu wünschen übrig lassen, die ebenfalls aufgetretenen Nachteile auf der Erde hatte dieser Schüler zum Teil schon erkannt.

Ich möchte vor weiteren mittlerweile aufgetretenen Problemen die Augen nicht verschließen.

Es haben sich leider weltweit soziale Spannungen entwickelt.

Politische Entscheidungen und die damit verbundene Entwicklung der Wirtschaft ließen die sozialen Unterschiede immer größer werden.

Besonders dort wo sich Migranten und Flüchtlinge niedergelassen haben entstand ein großes Konfliktpotenzial zwischen den Einheimischen und den Zugewanderten.

Es ist so, dass Flüchtlinge und andere Migranten aus außereuropäischen Ländern lange Zeit auf finanzielle Unterstützung angewiesen sein werden. Das sind Gelder, die den Einheimischen nicht mehr zur Verfügung stehen. Zum Beispiel uns Rentnern im Bereich der medizinischen Versorgung mit qualitativ besseren „körperlichen

Ersatzteilen". Die sozial schwachen Einheimischen müssen um Leistungen der staatlichen Verwaltungen oftmals kämpfen, während den „Fremden" alles ohne Probleme zugestanden wird.

Zudem fühlen sich auch viele Menschen mit Migrationshintergrund selbst noch in der fünften Generation als immer noch nicht integriert und Bürger zweiter Klasse.

Zur Diskriminierung trägt aber auch zu großen Teilen die Ablehnung zur Anpassung an die jeweiligen Kulturen der Länder in denen sie sich wohnen.

Speziell in Deutschland ist es nicht verwunderlich, dass sich in dieser sich ständig verändernden Welt, die Angst vor Problemen zunimmt.

So fürchten viele, dass Sparzwänge dazu führen könnten, dass nicht Allen eine gleich gute Behandlung und Versorgung garantiert werden kann und besonders bei älteren Patienten notwendige Operationen nicht mehr vorgenommen werden.

In der weltweit verbreiteten Corona-Pandemie wurde schon gezeigt wie in einem Land mit den über 80jährigen wegen Mangel an Sauerstoffgeräten umgegangen wurde. Ihnen wurden diese Geräte entzogen um sie den 60jährigen zur Verfügung zu stellen. Somit wurden die älteren dem Tod preisgegeben. Pech kann auch jemand haben, wenn er in Deutschland die falsche Krankenkasse angemeldet ist. Es kann passieren, dass in den ausgehandelten Verträgen mit Krankenhäusern bestimmte Leistungen keine Berücksichtigung gefunden haben, oder, wenn doch eventuell nur bis zu einer fixen Summe.

Ein Mensch in meinem Alter muss quasi täglich damit rechnen, dass eines Tages ein Beamter vor seiner Wohnungstür, oder wie in meinem Fall vor der Zimmertür steht und einem mitteilt, dass das Leben zu Ende sei, weil die statistische Nutzungsdauer meines Herzschrittmachers überzogen ist.

Aber unser „sorgenfreies“ Leben wird noch von einigen anderen Ängsten begleitet.

Viele Menschen haben Angst bei

steigenden Opfern vor Straftätern. Etwa 90% waren Nichtdeutsche.

Daraus lässt sich auch die Angst vor Terrorakten herleiten. Links- und Rechtsradikalen werden Anschläge jeglicher Art zugemutet.

Natürlich ist allen klar, dass der scheinbare, u.U sogar echte Wohlstand schnell Opfer einer Wohlstandwende werden kann, das mindert die Sorglosigkeit ebenfalls. Die Ursache dafür liegt zu großen Teilen in der immer andauernden deutschen Staatsverschuldung.

Des weiteren haben die Deutschen für die Zukunft folgende Ängste, die aber zum Teil nicht wirklich wesentlich sind.

Staatliche Überforderung in der Flüchtlingsfrage, gefährliche Welt durch größenwahnsinnigen Staatsmann, Spannungen durch immer mehr Ausländer, ein Pflegefall im Alter werden, dass das wohnen in Deutschland nicht mehr bezahlbar ist, steigende Steuern bedingt durch Schuldenkriese der EU, immer weiter steigende Lebenshaltungskosten, Schadstoffe in Lebensmitteln, in der Umwelt und last but not liest die Naturkatastrophen. In den ersten Jahren dieses Jahrtausend gingen die Sorgen statistisch zunächst zurück, aber in den 20ern nahmen sie wieder zu.

Im TV wurde ein etwa 70 jähriger Mann während einer Tätigkeit im Garten gefragt wie sein Zukunftsplan aussieht. Er meinte nur:„Ich möchte das noch 20 Jahre machen und dann gehe ich als „Frührentner" vorzeitig in den Ruhestand!

Was erkennen wir daraus?

Der Mann hatte immer noch Humor!

Leider konnte ich rückblickend den Humor nicht teilen, denn ich muss sehr oft daran denken, dass zu Beginn des Jahres 2020 die Menschheit beinahe ausgerottet worden wäre. Ein neuer Virus, der weltweit Coronavirus genannt wurde, hatte sich auf der ganzen Welt mit sehr oft tödlichem Ausgang mehr oder weniger verbreitet. Es war unter Strafe in vielen Ländern verboten sich in Gruppen von mehr als 2 Personen in der Öffentlichkeit aufzuhalten. Es sei denn, es war eine Familie, die in den Wohnungen ja sowieso zusammen kam. Selbst Ausgehverbote waren keine Seltenheit.

Im Jahr 2020

gab es noch keine Weltregierung. Doch ich bin sicher, dass diese Epidemie zur Einsicht und der Erkenntnis beigetragen hat, dass wir als Menschheit viel zu zerbrechlich sind, als dass wir es uns leisten können uns zu bekämpfen. Nur gemeinsam sind wir in der Lage die Erde zu zerstören oder retten zu können.

Bald darauf wurde dann ja auch die Weltregierung gewählt.

Damals wurden auf der ganzen Welt die Tests zur Feststellung der Infektion, mangels notwendiger Ausrüstung mit notwendigem Equipment, nur noch in Zweifelsfällen durchgeführt. Das Leben damals war für viele Menschen voller Sorge, ob sie das Virus in sich hatten oder nicht. Eine Planung über 14 Tage hinaus, solange dauerte es bis das Testergebnis vorlag, war positive Illusion.

Es war wirklich keine schöne Zeit besonders für uns Senioren. Wir waren uns ja zum größten Teil darüber klar, dass unsere Leben bald zu Ende gehen würden, aber so plötzlich und dann noch so schnell - das hatte die Menschheit nicht verdient!

Die gesamte geregelte medizinische Versorgung brach in den meisten Staaten zusammen. Es galt ja schließlich auch, Patienten, welche nicht vom Coronavirus befallen waren, die notwendige Versorgung erhielten.

In dem Land, das damals Deutschland hieß und den meisten zivilisierten Nationen in denen Menschen an dem Coronavirus erkrankt waren, hätte jedes Krankenhausbett stets mit 3 oder mehr Patienten belegt werden können.

Es wurden tatsächlich 80jährige von Beatmungsgeräten getrennt um es 60jährigen zur Verfügung stellen zu können.

„Normale Kranke" wurden kaum noch in Krankenhäuser aufgenommen sondern von mobilen Ärzteteams zu Hause medizinisch versorgt. Wer keine

Familie hatte oder niemanden der den Betroffenen helfen konnte, wurde ebenfalls durch mobile Pflegedienste mit Lebensmittel oder fertigen Gerichten und medizinischen Notwendigkeiten versorgt. Diese mobile Pflegedienste gab es schon lange, aber die neuen wurden von den Krankenhäusern betrieben. Die notwendige Grundlage wurde in einem internationalem Notfallgesetz geregelt.

Fehlendes Personal stand bei den Militärs durch reichlich Freiwilligen zur Verfügung. In der Zeit, in der die Kriegsfahrzeuge umgebaut wurden, fand für freiwillige Soldaten eine Schulung zum Sanitätspfleger statt. Es gab mehr als benötigte Bewerber für diese Lehrgänge.

Für notwendige Operationen wurden Kasten-Lkws von den Armeen gekauft und in mobile Opwagen umgebaut. Ähnlich dem Standard eines Notarztwagens. Da die Fahrzeuge aber doppelt so groß waren wie ein Notarztwagen, waren sie auch umfangreicher ausgestattet. Selbst eine Herztransplantation hätte darin gemacht werden können.

Gott sei Dank sahen alle Regierungen solche Maßnahmen als erforderlich an und stellte großzügig finanzielle Mittel und technische Hilfe zur Verfügung. Schon nach 3 Wochen konnten die ersten 100 Fahrzeuge in Deutschland eingesetzt werden. Wie sich die Situation in anderen Ländern tatsächlich darstellte, entzieht sich meiner Kenntnis. Zwei Ärzteteams inklusive die erforderliche Anzahl an Pflegekräften einer fahrenden Hilfspflegeperson waren je 10 Stunden im Einsatz. Die Fahrzeuge wurden in den verbleibenden 4 Stunden in den nächsten Werkstätten gewartet und ggf. repariert.

In welcher Stadt und an welchem Tag und welche Operation durchgeführt wird bestimmen übergeordnete Institutionen aus verschiedenen Fachbereichen. Amtlich geführte und ausgewertete Statistiken waren hilfreiche und nützliche Unterlagen für einen planvollen und reibungslosen Ablauf.

Aber abgesehen von dem Thema Coronavirus, hatte ich in der Zeit, es waren 14 Tage oder 3 Wochen keine schöne Zeit für mich. Meine Gedächtnisleistung ging phasenweise bis auf ein Minimum zurück. Die Ängste vor einem Coronabefall machte mir ganz viel zu schaffen. Ich dachte damals daran, ob es mir ebenso ergehen würde, wenn ich über 80 Jahre alt wäre, und ich bei der kleinsten Grippewelle schon Todesangst hätte.

Eine grauenhafte Vorstellung.

Nun bin ich 120 Jahre alt geworden und diese Ängste vor dem Tod sind Gott sei Dank schon seit über 20 Jahren vorbei. Aber ob ich mich auf ihn freuen sollte, weiß ich auch nicht mit Bestimmtheit.

Im Jahr 2020 kamen Forscher des Berlin-Instituts für Bevölkerung und Entwicklung zu der Erkenntnis, dass damals schon Menschen lebten, die 150 Jahre und älter werden könnten. Es würden aber nur Einzelfälle sein.

Sie sind sich aber sicher, dass es ein Höchstalter für Menschen geben wird. Sie kennen nur noch nicht welche Zahl am Ende geschrieben stehen wird, und sie wollen sich auch nicht festlegen.

Sicherlich wäre das für die Rentenkassen und den Krankenkassen und allen Anderen, die für Alte und kranke Menschen bezahlen müssen ein hohes Alter nicht wünschenswert. Besonders auch den Kindern und Enkeln, soweit sie berufstätig sind. Schließlich verursachen wir Alten der Gesellschaft durch Krankheiten und Renten nur Kosten. Es wird immer gerne vergessen, dass wir auch unsere Alten hatten, die es galt zu versorgen!

Darüber,ob ich es für mich in Anspruch nehmen möchte, kann ich immer noch nicht mit Bestimmtheit sagen.

Aber man kann es sich ja leider nicht immer aussuchen

Wenn ich auch von spektakulären Krankheiten verschont geblieben bin, so merke ich den Abbau (oder sollte ich statt Abbau richtiger vom körperlichen Verfall schreiben?) doch Monat für Monat. Dann sind es mal die Kniegelenke, mal sind es die Hüftgelenke, sowohl das künstliche, als auch das echte die mir Schmerzen bereiten. Wenn sie es besonders „nett" zu mir sind, tun mir alle vier, die Knie und die Hüften, weh.

Solange ich keinen Oberschenkelhalsbruch erleide wird mir in meinem Alter kein anderes, gebrauchtes Hüftgelenk, geschweige denn ein neues Gelenk von der Krankenkasse genehmigt.

Ein manueller Gehwagen, ein Rollator, ist leider nicht immer der Weisheit letzter Schluss. Zur Fähigkeitsprüfung für einen E-Rollator bin ich ebenfalls mittlerweile schon zu alt. Man hat meine Anmeldung, obwohl ich einen hilflosen, alten und schwerst gehbehinderten Mann „vorgeschoben" hatte, nicht angenommen.

Ich kann ja gegen die Schmerzen, während ich gehe, Tabletten einnehmen. Das ist natürlich mit deutlich weniger Kosten als mit einem E-Rollator verbunden.

Vielleicht steckt auch Absicht dahinter, sodass ich mir irgendwann vor lauter Frust das Leben nehme.

Das medizinische System ist manches Mal schon sehr merkwürdig! Man denke an die Sache mit den Beatmungsgeräten in der Corona Zeit 2020.

Aber es sind nicht nur die Bewegungselemente, die mich allmählich im Stich lassen.

Auch die inneren Organe wie Leber, die Nieren und eigentlich alles was für ein zufriedenes Leben nötig ist, stellen allmählich ihre gewohnte gute Tätigkeiten nach und nach ein. Ich bin mir nicht sicher, ob es nicht richtiger wäre, von einem Verfall der Organe zu reden.

Die Augen sind in den letzten Jahren zwar immer noch schön braun, aber die Sehkraft ist schon so schlecht geworden, dass ich manches mal das Gefühl habe, ich hätte keine Brille auf der Nase, sondern ein Opernglas. So schwer ist das Gerät mittlerweile, weil die Gläser immer dicker, und somit immer schwerer wurden. Für ein High-Tech Gerät fehlt mir leider das Geld.

Für meine zwei älteren Hörgeräte, deren Leistungsfähigkeit nicht mehr ausreichten, wurde nur noch ein neues bewilligt. Wie lange ich das dann aber noch benutzen kann, wissen die Götter!

Wahrscheinlich soll ich demnächst noch die Gebärdensprache erlernen.

Das traue ich den Krankenkassen zu. Aber man sagt immer DIE KRANKENKASSEN, dabei sind es nicht die Kassen an sich, sondern die dummen Köpfe der verantwortlichen Sachbearbeiter, die irgendwelchen Unsinn veranlassen und Notwendigkeiten ablehnen. Die, die nachweislich über die geistige Flexibilität einer metallischen Aschentonne verfügen.

Leider wird mir das im allgemeinen Umgang mit dem Rest der Welt nicht viel nützen.

Da ich ja sprechen kann, wird man mich verstehen, aber können sich meine Gesprächspartner so ausdrücken, dass ich sie verstehe?

Nicht jeder kann die Gebärdensprache.

Aber das waren nur 2 offensichtliche Baustellen in meinem einst jungen und sportlichen mit einem Six-pack ausgestattetem Körper. Nachdem ich im Jahr 2019 mit dem Rauchen aufgehört hatte, empfand ich, dass es meiner Lunge immer schlechter ging.

Als dann im Frühjahr 2020 die Corona Seuche, das war eine Lungenkrankheit, die in den meisten fällen mit dem Tod endete, sich weltweit ausgebreitet hatte, bekam ich es doch schon mit der Angst zu tun. Zumal ich Zwei Wochen vorher bei einem Lungenarzt war, und er mir eine leichte Störung der Bronchien attestierte.

Mein Herz machte sich mit Rhythmusstörungen bemerkbar. Der Magen konnte ohne medikamentöse Unterstützung keine Mahlzeiten mehr schmerzfrei vorverdauen.

Was mich allerdings wunderte, war die Tatsache, dass meine Leber weitestgehend problemlos ihre Arbeit verrichtete. Hatte ich doch viele Jahre dem Alkohol in großen Mengen zugesprochen!

Aber das Anhängsel, die Galle, machte mir und tut es immer noch, immer mehr Sorgen. Die sich gebildeten Gallensteine melden sich häufiger, so dass ich zu Schmerzmitteln greifen muss. Zu einer Op konnte ich mich trotz Anraten meines damaligen Hausarztes und seiner 3 Nachfolger nicht durchringen. Es sind wohl noch nicht genug Schmerzen.

Meine Nieren haben seit meinen 60er Jahren eine leichte Unterfunktion mit der ich aber bis zu meinem 71 Geburtstag immer noch klar kam.

Aber einige Monate später war das vorbei. Seit dem warte ich nun auf eine Ersatzniere von einem Spender. Aber Gott sei Dank gibt es ja die Dialyse, zu der ich 2x in der Woche hin muss.

Damit mein Darm störungsfrei seine Arbeit erledigen kann, muss ich regelmäßig vor den Mahlzeiten eine Tablette als Verdauungshilfe zu mir nehmen.

Ich habe aber auch Teile in mir die tatsächlich einwandfrei funktionierten und es immer noch tun. Das sind die Blase mit ihrem Schließmuskel und die Prostata.

Was mir aber die meisten Sorgen gemacht hatte, das war die schwindende Merkfähigkeit (auch Gedächtnisschwund genannt) meines Gehirns.

Jahrelang wurde die gesamte Leistungsfähigkeit immer weniger. Bis dann im

Jahr 2030 ein Medikament auf den Markt kam und mir im Rahmen einer Studie zur Verfügung gestellt wurde. Dafür war ich damals zunächst sehr dankbar. Heute sehe ich die Situation etwas mit gemischten Gefühlen.

Ich denke dabei besonders an meine nicht mehr vorhandene Muskelleistung, die mir ein Leben mit schmerzfreien Bewegungen nicht mehr sicherstellt.

Da helfen oft auch keine Schmerzmittel mehr. Was hat man von einem langen Leben, wenn man nur noch ein Schatten seiner selbst ist?

Seinerzeit hat die medizinische Forschung mal wieder nur halbe Arbeit erledigt. Sie hätte parallel zu den Medikamenten auch die Dauer der Körperfunktionen in vollem Umfang mit sicherstellen sollen.

Nun wird bei mir versucht, bei mir mit Anabolika die Muskulatur wieder aufzubauen. Der Erfolg ist natürlich nicht vergleichbar mit dem von jungen Kraftsportlern. Aber ein wenig hilft es schon. Ich hoffe nur, dass mein Herz das mit macht. Seit ich vor 49 Jahren zur Unterstützung des Herzen, einen Herzschrittmacher bekam, war mein Vertrauen für meine Gesundheit gestiegen. Mittlerweile habe ich schon das 3. Gerät. Angeblich jedes mal eine bessere Version, als das Vorgänger-model. Das letzte hat nun ein atomare Energiequelle. (Batterie kann man dazu nicht sagen.)

Nun, wie es auch sei, ich bin eigentlich sicher, dass die Behandlung mit Anabolika gut geht, denn es wird sehr vorsichtig mit der Dosierung umgegangen.

Die Blutwerte werden schon deshalb jeden 2. Tag kontrolliert.

Da ja die Straßen durch die selbst-fahrenden Autos sicherer geworden sind, die Steuerungen sind quasi unfallfrei, würde ich gerne ´mal wieder Fahrrad fahren, aber mit solch einer schlechten Muskelkraft, wird ein Ausflug per Rad zu einer Tortur. Die Ärzte meinen zwar, ich müsse noch etwas Geduld haben, aber diesen Satz habe ich von Medizinern schon so oft gehört. Meistens war meine Geduld umsonst. Somit hält sich mein Vertrauen zu der Ärzteschaft in Grenzen.

Das gilt natürlich auch für die

Gefäßchirurgen die sich um meine Arterien kümmern. Alle 5 Jahre wird mal wieder irgend ein Stück meiner Arterien erneuert bzw. aufgeweitet. Ich bin mir sicher, dass man das auch großzügiger gestalten kann. Zumal ich nicht mehr rauche. Von den Ärzten hörte ich ebenfalls diesen Satz: Ich möge mich in Geduld üben. Es würden sich oft neue Gefäße bilden und eine weitere Operation sei so nicht mehr nötig. Aber in einem Alter von 120 Jahren regt man sich über solche Dinge nicht mehr auf. Diese Gelassenheit ist ein angenehmer Ausgleich zu dem Muskelschwund.

Neben den gesundheitlichen Einschränk-ungen gibt es aber auch noch andere Dinge die mir nicht wirklich gefallen.

Nun bin ich seit Jahren Rentner und habe aus der Distanz gesehen wie sich die Welt der arbeitenden Menschen verändert hat. Leider sind nicht alle Veränderungen die in der Welt geschehen sind, nützlich und auch wichtig. Wenn auch andererseits schön.

Mir wäre es schon lieber, wenn mir ein Mensch gegenüber säße, wenn ich bei einer Behörde etwas zu erledigen habe.

Da kann die Abgabe eines Antragen schon mal zu einem freundlichem Gespräch führen. Das ist natürlich mit einem Roboter der quasi ein „Fachidiot“ ist, nicht möglich. Ich habe sowieso den Eindruck, dass die Roboter und andere Maschinen allmählich das Kommando auf der Erde übernehmen.

Die Besiedelung des Mars hat ja in den letzten 10-20 Jahren Fortschritte gemacht, aber es ist leider für Menschen über 40 Jahren nicht erlaubt auf dem Mars anzusiedeln. Wir können ja nicht am Aufbau auf dem Mars teilnehmen, weil wir voraussichtlich nicht mehr lange mit unseren Fähigkeiten helfen können, sondern alsbald zur Last fallen würden. Nichteinmal Kinder zeugen ist uns in den meisten Fällen vergönnt. Sicherlich gibt es Männer die von sich etwas anderes behaupten, aber wo ist der Beweis?

Es hat bei den jüngeren Generationen eine Unzufriedenheit eingestellt, die ich gut nachvollziehen kann. Wir alten sind immer älter geworden und werden immer noch mehr. Da die nachfolgenden Generationen für unsere Rentenzahlungen, oder zumindest für unseren Lebensunterhalt aufkommen müssen,, je nachdem wo sie leben, ist der Unmut durchaus nachvollziehbar.

Eine weltweite einheitliche Regelung hat es leider immer noch nicht gegeben. Die Unterschiede in den Mentalitäten und Lebensarten sind scheinbar einfach zu groß.

Alle Versuche dem Klimawandel Einhalt zu gebieten sind endlich vor 5 Jahren auf fruchtbarem Boden gefallen. Erst dann haben die Weltpolitiker begriffen, dass sich die Erde kurz vor dem Untergang befand.

Nun hat sich die Erde aber dermaßen erwärmt, dass es für uns „ältere" schon schwieriger geworden ist, aktiv am Leben außerhalb der klimatisierten Gebäuden tagsüber problemlos teil zu nehmen. Man hatte noch am 20.11.2069 in dem Vorjahr amtlich eine Temperatur von über 30 Grad Celsius gemessen.

Schnee fällt nur noch an den Polkappen

und das auch nur noch selten.

Etliche Tierarten waren dem sich ständig veränderten Klima nicht mehr gewachsen und sind ausgestorben. Eisbären, um nur eine Spezies zu nennen, mussten ihre Jagd- und Fressgewohnheiten den neuen Bedingungen anpassen. Da es keine Eisberge und keine Eisschollen mehr gibt mussten sie sich neue Lebensräume suchen. Sie lebten nun nur noch in den nördlichen Gegenden von Alaska, Kanada, Grönland. Ihr dickes Fell wurde nicht mehr benötigt, so hatte die Evolution erstaunlich schnell dafür gesorgt, dass ihr Fell nur noch so kurz wurde, dass sie aussahen wie geschorene Schafe. Zumindest was die Felllänge betraf.

Am Südpol soll man sogar Pinguine gesehen haben, die fliegen konnten. Ich habe aber dafür weder eine Bestätigung noch einen Beweis in Erfahrung bringen können und halte das für eine Falschmeldung.

Ich kann mir auch nicht vorstellen warum die Evolution etwas verändert, was nicht erforderlich ist. Zur Abkühlung benötigen Pinguine keinen

Flugwind. Sie können ja ins immer noch kühlere Wasser abtauchen. Da ihre Nahrung nur aus Fischen besteht, müssen sie auch keine, an Land lebenden Tiere, jagen.

Begrenzung der Lebensdauer

Es gab tatsächlich Überlegungen für eine Begrenzung der Lebensdauer. Sicher, es wurde immer schwerer uns Alte zu versorgen. Aber deshalb kann man unser Lebensalter doch nicht einfach begrenzen. Die weltweite Ethikkommission hatte sich Gott sei Dank gegen diese Lösung ausgesprochen. Was mich dabei doch sehr gewundert hatte, war die Erkenntnis, dass die Ethikkommission keinerlei Bestechungsversuchen erlegen waren.

Zumal die Befürworter der Altersbegrenzung scheinbar vergessen hatten, dass sie ihre Eltern und sich selber ebenfalls ab einem bestimmten Alter, dem Tod preisgaben.

Dann wäre die letzte Geburtstagsfeier kein Grund mehr zur Freude sondern mehr eine Abschiedsfeier. Wir hätten dann an den Geburtstagen erfahren, dass man am 7. Tag nach dem Geburtstag um 14.00 Uhr die Todesspritze verabreicht bekäme.

Für die Verwandtschaft und Freunde wäre es natürlich ein billigeres Unterfangen. Man braucht für das „Geburtstagskind" keine langlebige Geschenke mehr zu kaufen. Was soll der Mensch noch damit? Einen Geldbetrag als Obolus hätte anonym in eine vorher gekaufte symbolische Urne gegeben werden können. So hätten die, durch den Tod entstandenen Kosten gesenkt werden können.

Dadurch wäre der Tod eine nicht allzu teurer Belastung für die Hinterblieben geworden.

Schließlich war ja das „durchfüttern" zu Lebzeiten schon teuer genug gewesen.

Durchfüttern - weil die Rentenhöhe nie für ein halbwegs normalen Lebensabend gereicht hat.

Der Termin mit Urzeit für den Todestag wurde immer zum Jahresbeginn bei der Registratur-Stelle der Kommunen festgelegt. Für im Januar Geborene sollte der Termin im Dezember des

Vorjahres ausgesucht werden. An dem Termin würde ein Arzt, der in der Nähe niedergelassen und amtlich vereidigt war, kommen. Er hätte mittels zweier Spritzen für das Lebensende gesorgt. Wobei die erste zur Betäubung und die andere zum Tod führen sollte. Der Arzt hätte immer zwei Hilfskräfte dabei. Es wären im Kampfsport ausgebildete Männer gewesen. Man rechnete damit, dass die Ärzte unter Umständen Schutz benötigten oder bei dem zum Tode geweihtem Gewalt angewendet werden musste. Der Arzt oder Ärztin würde immer kommen. Egal ob Verwandtschaft da gewesen wäre oder niemand die Tür hätte öffnen können. In dem Fall würde die Tür, nach Vorlage der behördlichen Verfügung, durch einen Schlüssel-dienst geöffnet worden. Es waren in der Bevölkerung schon Bezeichnungen wie Weißkittelmörder oder ähnliche im Umlauf.

Also nicht nur die Ethikkommission allein war gegen diese Regelung, sondern auch die überwiegende Menschheit hatte alles Mögliche unternommen um eine andere Lösung zu bekommen.

Was mir zunächst sehr zusagte, war im Jahr 2030 die Herstellung der selbstfahrenden Autos. Da ich ja wegen meines Alters von 65 Jahren mit dem aktiven Autofahren aus Sicherheitsgründen, sowohl für mich und meine eventuellen Mitfahrern, aber auch die anderen Verkehrsteilnehmer, aufgehört hatte, sah ich in den selbstfahrenden wirklichen Automobilen (Auto - selbstständig, Mobil-bewegend) eine Möglichkeit mich wieder von öffentlichen Verkehrsmitteln unabhängig zu machen. Zumal ich mich mit meinem damaligen Alter von Einhundedertund zwei noch fit genug fühlte solche „Spielzeugautos" zu steuern. Es konnte ja sowieso kein Unfall passieren.

Ich hatte in den Jahren immer etwas Geld gespart und einen größeren Geldbetrag in der Lotterie gewonnen.

So konnte ich mir ein solches Gefährt zulegen. Leider musste ich erkennen, dass ich mit der fortgeschrittenen Technik, als auch mit der Bedienung in vielen Momenten schon überfordert war. Bedauerlicherweise kam ich nicht umhin, musste es, wenn auch wiederwillig, zugeben, dass diese technische

Entwicklung nichts mehr für mich war und auch nicht mehr wird.

Aber es gab ja immer noch die privaten Taxiunternehmen mit schwebenden Kabinen.

Man möge mir nachsehen, dass ich nicht in der Lage bin, zu erklären wie dieses technisch möglich ist.

Diese schwebenden Taxikabinen, die ebenfalls selbst „fahrend" agierten, sind für uns Fahrgäste kostenlos. Wir müssen nur unsere personenbezogene Kennkarte vor das Lesegerät halten. Es wird dabei die Nummer, und nur die Nummer der persönliche Kennkarte gespeichert und weiter gegeben. Das war es schon für uns Kabinenfahrgäste.

Der Taxi-Unternehmer kann dann mit den eingelesenen Daten und der dazugehörenden Fahrstrecke von der, wie es so schön heißt, öffentlichen Hand bezahlt werden. Sollte die Landesgrenze überschritten werden, fährt das Taxi nicht weiter, ohne dass erneut das Ziel eingegeben wird. Dann erfolgt die Bezahlung an eine andere Landes- bzw. Staatsregierung.

Was unter Umständen absurd zu sein scheint, ist die Kombination von hohem Alter und Sport. Da ich immer gerne unterschiedliche Sportarten gemacht hatte, bin ich immer noch überzeugt davon, dass sportlicher Betätigung wichtig ist. Leider kann ich das, was nicht mehr machen was ich am liebsten machen möchte. Ich hatte schon weiter vorne im Buch über meine „Fußball-karriere" berichtet.

Ich bin aber ein Verfechter der Ansicht, dass in den meisten Fällen irgend eine Möglichkeit besteht, sich sportlich zu betätigen. Damit meine ich natürlich nicht Taubensport oder Schach. Bei Schach könnte man immer noch von Denksport reden. Natürlich ist der Taubensport auch nicht frei von Überlegungen und Rechnereien. Bei verschieden Krankheiten im Kopf kann ja jede Art von Denksport die Fitness im Kopf erhalten oder verbessern. Ich habe es am eigenen Kopf erfahren dürfen. Wobei ich die Verbindung mit genügend, also mehr als üblich, Flüssigkeitszunahme die Fitness schneller erreicht habe.

Wer viel Laufsport macht oder gemacht hat, wird mir recht geben, dass zum erreichen bestimmter Ziele Flüssigkeitszunahme eine wichtige Rolle spielt. Man denke nur an Marathonläufer.

Als ich sportlich eigentlich noch einigermaßen auf der Höhe war, wurde mir wegen Muskelverspannungen in der gesamten Rückenpartie Reha-Sport verordnet.

Das erinnerte mich sehr an das was ich 15 Jahre vorher nach meiner Hüftgelenk-Op schon machen musste. Damals fühlte ich mich total unterfordert. Ich war ja eigentlich noch topfit.

Bis ich dann bei einer Übung im Wechsel die rechte und die linke Hand auf die eigene Schulter legen sollte. ---- Die rechte Hand auf die rechte Schulter und umgekehrt.----!

Die Trainerin machte es uns vor, und ich musste innerlich grinsen.

Bis ich es dann selber machen wollte.....! Nicht eine Hand erreichte die jeweilige Schulter! Nicht einmal meine Fingerspitzen! Geschweige denn die Handflächen.

Da habe ich zum ersten Mal gemerkt, wie wichtig Gymnastik sein kann. Was da im „kleinen" schon nicht funktionierte, wie sah das dann wohl im gesamten Körper aus?

Nach und nach habe ich dann immer mehr Defizite in meinem Bewegungsapparat gefunden und angefangen neben dem Fußballspiel auch andere Teile des Körpers mit unterschiedlichen Sportarten fit und beweglich zu halten. Schwimmen, Kraftsport und Tennis waren die dominierenden Sportarten. Was ich nicht gerne gemacht hatte, war Konditionstraining mit Langlauf. Dann bin ich schon lieber mit dem Fahrrad gefahren. Ich fand, dass es das kleiner Übel war.

Aber selbst das brauche ich heute nicht mehr versuchen, weil sich meine Beinmuskeln dabei „Eins ins Fäustchen lachen" würden. Ich würde dann lieber auf einem Heimtrainer Fahrrad fahren wollen, zumal ich mich immer wenn ich Lust hatte, darauf setzen und radeln, aber 1.) sind die Geräte zu teuer. Ein gebrauchtes könnte defekt sein und somit ist ein Rechtsstreit vorprogrammiert.

„Ein gebranntes Kind scheut das Feuer.“, und 2.) In meinem Zimmer im Seniorenheim ist für so ein großes Gerät kaum Platz. Zumal es den Reinigungsdamen dann immer im Wege stehen würde. Auch wenn in den meisten Fällen Putzroboter für die Sauberkeit sorgen. Diese können auch nur dort saugen wo sie den notwendigen Platz haben.

Nun sieht man auch, dass es keine vernünftige Ausrede für einen gesunden Menschen gibt, man kann im Haus die Treppen hinauf und hinunter laufen. Da die meisten Bewohner einen Aufzug benutzen, wird man dort auch kaum jemandem begegnen. Vielleicht aber von einem anderen Gleichgesinnten überholt, und schon kann man sich zu gemeinsamen Treppensteigen verabreden.

Gegebenenfalls entsteht dadurch eine neue Bekanntschaft über den Sport hinaus.

Da meine Beinmuskeln sich mit der schlechten Durchblutung nun doch schon dauerhaft negativ bemerkbar machen, bleibt mir nur mein tägliches trainieren der Gelenkigkeit und der schwindenden Kraft. Wenn man die Übungen mit einem bestimmten Tempo macht, kann man schon ziemlich außer Atem gelangen. Aber selbst bei dieser Reha-Gymnastik für „Arme" hat sich bei mir eine gewisse Abhängigkeit eingestellt. Ich fühle mich danach zwar schlapp aber wiederum zufrieden. Ich erinnere mich schwach: Beinahe so wie nach schönem Sex.

Viele Läufer die regelmäßig gelaufen sind, erklärten, dass sie suchtähnliche Entzugserscheinungen hatten, wenn sie nicht laufen konnten.

Ich möchte nicht behaupten, dass ich wegen meiner früheren sportlichen Tätigkeiten 120 Jahre alt geworden bin, aber sicherlich hat mir zumindest in den letzten Jahren die Gymnastik ein Leben mit weniger Beschwerden verschafft.

Davon bin ich überzeugt und finde sportliche Tätigkeiten im Alter somit gar nicht absurd, sonder ein viel zu sehr vernachlässigtes Freizeitvergnügen!

Andererseits frage ich mich, wie lange

möchte ich eigentlich wirklich leben? Logischer Weise möchte ich miterleben wohin die technische, medizinische und wirtschaftliche Entwicklung auf der Erde führt. Die sozialen und die ernährungswissenschaftlichen Probleme sind ja Gott sei Dank gut geregelt worden.

Es gab schon 2020 Untersuchungsergebnisse, die besagten, dass die Menschheit unsterblich werden könnte. Grundlegend für eine Unsterblichkeit waren die gleichen Dinge, welche schon weiter vorne unter lebensverlängernde Umstände behandelt worden sind.

Wo das allerdings dann hinführen sollte, konnte damals niemand zufriedenstellend beantworten.

2050 war es soweit gediehen, dass es möglich war, den eigenen Alterungsprozess aktiv zu steuern. Aber nachdem man erkannt hatte, dass die Weltbevölkerung nicht mehr ausreichend mit Lebensmitteln versorgt werden konnte, wurden ausnahmslos als maximales Lebensalter 130 Jahre festgelegt.

Im Jahr 2020 hat aber eine weltweite

Pandemie aber etliche Millionen Menschenleben gekostet. Wenn auch besonders wir alten Menschen gefährdet waren, starben aber leider doch mehr jüngere Menschen als wir älteren. Wir haben sicherlich die geregelten Verhaltensmaßnahmen ernster genommen und somit einer Infizierung durch den Corona-Virus aus dem Weg gegangen sind.

Es war schon eine schlimme Zeit für die Menschheit. Das gesamte Leben aller Menschen auf der Erde wurde auf den Kopf gestellt.

Als dann endlich nach einem Jahr die todbringende Lungenkrankheit abklang und bei den zivilisierten Völkern kaum noch eine Rolle spielte, wurde immer noch nach einem diesen Virus abtötenden Impfstoff geforscht. Die latente Gefahr eines erneuten Ausbruchs dieser schlimmen Krankheit bestand leider weiterhin. Die Hoffnung bestand auch darin, dass man die bis dahin unheilbare Krankheit, heilbar gemacht werden könnte. Da das leider zunächst nicht klappen wollte, wurden für den Fall einer Rückkehr der Pandemie weltweit gemeinsam geltende

Richtlinien ausgearbeitet.

Wer da meinte es ist immer noch alles übertrieben und man brauche sich den Vorgaben nicht mehr zu fügen, hatte im Falle einer Feststellung seiner Infektion durch Fehlverhalten, mit einer angemessenen Bestrafung und der Kosten-Übernahme der Untersuchung und des Krankenhausaufenthaltes zu rechnen. Zuwiderhandlungen, so war es geplant, sollten mit strenger Isolation ohne ausreichend medizinischer Versorgung und nur notdürftig soviel Getränke und Verpflegung bekommen, dass die Person nicht verhungert oder verdurstet. Sollte ein anfallender Infektionstest bei diesen widerspenstigen Menschen positiv sein. Würde diese Person in einem geheimgehaltenen Ort untergebracht und erst wieder entlassen, wenn sie die angefallenen Kosten erstattet hatten oder gestorben waren. Sollte die Erstattung der Kosten mit Bargeld nicht möglich sein, würden Vorhandenes Kapital, Wertgegenstände oder andere Vermögenswerte eingezogen und nach dem Verkauf mit den Kosten der Untersuchungen und den Lebenshaltungskosten verrechnet. Sollte am Ende noch etwas übrig sein, würde das verbleibende Erbmaterial den erbberechtigten überstellt. Sollten diese nicht vorhanden sein oder nicht ausfindig gemacht werden können, würden die mobilen und immobilen Dinge versteigert und der Erlös in einem weltweiten Fond eingezahlt um bedürftigen am Coronavirus erkrankten, oder von ihm indirekt betroffenen Menschen finanziell zu helfen.

Nach 6 Monaten trat das ein, womit logischerweise nach so viel Fehlverhalten gerechnet werden musste: Der Fall einer Rückkehr der Pandemie in einer 2.Welle breitete sich erneut weltweit aus.

Wieder kostete diese Verbreitung des Virus Millionen Menschen das Leben.

Dieses Mal wurden Gott sei Dank die vorbeugenden Verhaltensmaßnahmen, von einigen Ausnahmen abgesehen, meist waren es senile Senioren oder Kinder, eingehalten. Parallel schaffte es die medizinische Forschung auf weltweiter Ebene nach 6 Monaten intensiver Zusammenarbeit der verschiedensten Laboren und Forschungsunternehmen zunächst ein Medikament und kurz danach einen vorbeugenden Impfstoff zu entwickeln.

Aber in der Kürze der Zeit waren beide Mittel leider noch nicht frei von unangenehmen Nebenwirkungen.

Nach der Einnahme oder Verabreichung des Medikamentes traten für etwa eine Woche lang Stoffwechselstörungen mit einer Gewichtsabnahme und leichtem Fieber auf. Aber es war nie lebensbedrohlich.

Alle waren froh endlich mehr oder weniger schnell in den Lebensablauf vor der Coronapandemie zurück kehren zu können, und dann kam es, wegen der Dummheit der Menschen, zu einer erneuten weltweiten Ansteckungswelle mit dem Corona-Virus dieses Male nicht in Asien oder Afrika, sondern in der „zivilisierten" Welt der USA.

Der damalige Präsident der Vereinigten Staaten war trotz des Anratens seiner Berater nicht nach seiner Wiederwahl zurückgetreten. Er konnte leider immer noch nicht mit diesem Problem in seinem Amerika umgehen geschweige, denn fertig werden. So wurde er nach einer neurologischen Untersuchung abgesetzt und in Gewahrsam genommen.

Da Neuwahlen unter den gegebenen Zuständen unmöglich waren, übernahm sein Stellvertreter die Amtsgeschäfte.

Ich habe die Zeit oft mit den Zuständen verglichen, die im 2. Weltkrieg und auch noch lange Jahre danach, herrschten. Deutliche Ähnlichkeiten mit den Lebensmittelversorgungslücken waren zu erkennen. Firmen konnten nicht produzieren. Bauern brauchten ihre Produkte nicht ernten, denn die großen Abnehmer mit ihren Fabriken hatten keine Mitarbeiter, die die geernteten Pflanzen sachgerecht verarbeiten konnten.

Irgendwann ging den Staaten das Geld aus um Verdienstausfälle bei allen ausgleichen zu können. Selbstständige sowie Arbeitnehmer auf allen Ebenen forderten von ihren Regierungen Ausgleichszahlungen. Länder mit einer ausgeglichenen Bilanz, wie zum Beispiel Deutschland, konnte ja zunächst noch helfend eingreifen, aber in Staaten, in denen die Finanzlage nicht ausgeglichen war, wurde das Leben deutlich schwieriger.

Was uns von der Nachkriegszeit noch unterschied, war die Tatsache, dass vom Himmel keine Bomben gefallen sind und die Häuser noch alle standen.

Ein wesentlicher Unterschied war, dass die Versorgung mit Energie noch klappte.

Das änderte aber nichts daran, dass ich sehr oft depressive Phasen durchlebte.

Wie mir später klar wurde, waren diese negativen Empfindungen die Ursache von etlichen Krankheitsmerkmalen die sich bei mir und den Menschen in den betroffenen Gebieten bemerkbar machten. Ich hatte bald jeden Tag irgendwelche Beschwerden. Von Problemen mit meinem angeschlagenen Herz, ständige Kopfschmerzen und etliche Verdauungsorganbeschwerden, bis hin zu Bewegungseinschränkungen durch Schmerzen.

Irgendwann fragte ich mich, was ich eigentlich noch vom Leben hatte. Meine Frau hatte ähnliche psychische Schwierigkeiten, aber da wir uns nicht gegenseitig noch zusätzlich belasten wollten, lernten wir alleine damit klar zu kommen.

Es galt auf jeden Fall durchzuhalten, denn ich hatte ja noch das Ziel das Jahr 2030 zu erreichen. Ich hatte in einem Buch, welches die Jahreszahl im Titel hatte, eine Zukunftsvision von mir festgehalten. In diesem Jahr sollten die ersten Menschen auf dem Mars landen.

Ich wollte auf jeden Fall wissen, ob meine Vision in die Realität umgesetzt wurde.

Also musste ich mindestens Einundachtzig Jahre alt werden.

In der damaligen schwierigen Gesundheitssituation auf der Erde, konnte man von Glück reden, wenn man die nächsten vier Wochen überlebte, und ich plante tatsächlich bis zum Jahr 2030.

Wenn das kein Optimismus war...?

Dann war es Trotz!!!

Jetzt gerade!

Wie man erkennt, hat es ja dann doch geklappt bis nach 2030 und noch mehr. Aber nicht nur das, sondern sogar meine Vision von der Mars Besiedlung wurde Realität. Heute wohnen schon etliche Familien und selbst Tiere auf dem Mars. Leider noch unter den Dächern der Gewächshallen, bzw. in kleinen Ortschaften in einer künstlich hergestellten Atmosphäre in riesigen lichtdurchlässigen Hallen.

Das waren schon „Wunderwerke der Technik“. Die ersten Kinder sind mittlerweile auch schon bald im „Rentenalter“.

Naja, noch nicht so bald!

Im Jahr 2050 gelang dann auch der Durchbruch in der Altersforschung.

Ein großen Anteil daran hatte die Züchtung gesunder Organe aus den eigenen Zellstrukturen. Ebenso entwickelte sich die Mikrochirurgie mit gewaltigen Schritten um diese neuen Organe sicher einzupflanzen.

Auch Medikamente welche die Selbstheilungsprozesse erkrankter Zellen anregten und somit ebenfalls den Alterungsprozess verlangsamen, sind erfolgreich entwickelt worden. Die Krebskrankheiten spielten dadurch ebenfalls schon lange keine Rolle mehr. Dafür kehrten noch für einige

Zeit bis in die 2040er Jahre mit nahezu gleichbleibender Pünktlichkeit die Infektionswellen der Coronaviren zurück.

Aber durch die Impfseren und Medikamente zur Einnahme konnte diesen Pandemien der Schrecken genommen werden. Tote gab es nur noch in sehr seltenen Ausnahmefällen.

Ich hatte Glück und benötigte um das jetzige Alter zu erreichen, keine Mittel, die auf die Gene Einfluss nahmen. Dafür gönnte ich meinem Körper viel Gutes in dem ich meine Ernährung und meinen Lebenswandel umgestellt bzw. angepasst hatte.

Ich habe mich mit altersentsprechendem Sport außen und innen fit gehalten hatte. Natürlich ließ ich jeder der erforderlichen Krebsvorsorgeuntersuchungen von den Fachärzten durchführen

Erstaunlicher Weise immer ohne irgend einen Befund außer: **Alt**!!

Das Urteil hätte auch schlimmer ausfallen können.

Wenn ich es mir so richtig überlege, war mein hohes Alter einen Verlauf wider der Natur.

Das die Menschen immer in der Evolution sterblich geblieben sind, hat seinen Grund.
Entwicklungsgeschichtlich ist der Tot alter Menschen ein Vorteil für die Nachkommen.

Nach dem bei uns Menschen auch die Fruchtbarkeit zu Ende geht, werden wir nur noch für die jüngeren zur Last. Das ist ja bei der Verrentung schon seit langem ein Thema. Bei anderen Säugetierherden verbessert der Tot der alten Tiere die Chance jüngerer Artgenossen zu überleben.

Wenn man sich dessen erst einmal bewusst ist, muss man sich dann nicht die Frage stellen, ob wir ab einem Alter von etwa 80 Jahren nicht wenigstens ein schlechtes Gewissen haben sollten?

Können uns die Schuldgefühle nicht einfach in den Selbstmord treiben? Dann gäbe es doch keine Probleme mit uns älteren.

Mindestens aber schwere Depressionen sollten unser ggf. sorgenfreies Leben doch soweit beeinflussen, dass wir nicht mehr lachen oder uns in irgendeiner Form erfreuen.

Gut, die letzten Sätze waren sarkastisch gemeint, aber um nicht in Trübsal zu versinken, darf man sich getrost daran erinnern, dass die noch jüngeren Generationen, die sich heute aufregen, dass wir so alt sind, wahrscheinlich ebenfalls ihren nachfolgenden Generationen „zur Last" fallen werden.

Ein schlechtes Gewissen für uns Alte ist also fehl am Platz!

Auch wenn es den Eindruck macht, dass wir nicht aufhören wollen älter zu werden und scheinbar unsterblich seien, dem ist aber nicht so!

Ich merke an allen „Ecken und Enden", dass leider (oder Gott sei Dank) jeder Tag immer beschwerlicher wird.

Daran kann auch der ganze technische und medizinische Fortschritt nichts ändern.

Hatte ich mit Siebzig eine leichte Altersdemenz, die ich aber mit geistigem Training noch einigermaßen in Griff bekommen konnte, ist es nun unmöglich nur mit Gedächtnisübungen einen weiteren Abbau im Gehirn zu verhindern. Dafür bzw dagegen hat, für mich früh genug, die Pharma-Industrie verschiedene Medikamente entwickelt. Der geistige Verfall wird nicht gestoppt, aber doch deutlich verlangsamt.

Als meine Frau noch lebte, und sie gesund war, hatte sie mir sehr oft mit ihrem scheinbar nicht älter werdendem Gedächtnis ausgeholfen, aber das ist ja nun schon Jahre vorbei. Ich habe mit der Medizin, entsprechender Ernährung, etwas Gehirnjogging, Fitness-Training und einer Vielzahl von Zetteln das Level von 80 Jahren halten können. Aber schön ist es deswegen immer noch nicht. Es nervt schon ziemlich.

Es ist aber nicht das Gedächtnis alleine, was mir hin und wieder die Freude am alt sein vermiest.

Auch folgende Situation trägt nicht dazu bei meine mittlerweile häufige schlechte Laune zu verbessern: Wehe, wenn mir etwas zu Boden fällt und ich nicht zu Hause beziehungsweise in meiner Heimunterkunft bin. Dort habe ich dann eine „Helfende Hand“ die mir, wie der Name schon sagt, hilft die Teile aufzuheben. Außerhalb meines Zimmers gestaltet sich die „Bergung“ eines auf dem Boden liegendes Gegenstandes manches Mal zu einer sportlichen Höchstleistung.

Die schwerste Übung steht an, wenn ein Blatt oder ein Stück Papier flach auf einem glatten Boden landet.

Um nicht an dieser Aufgabe zu verzweifeln habe ich mir angewöhnt mich langsam, sehr langsam vor das zu bergende Blatt zu knien. Damit ich beim Aufstehen beide Hände frei habe, verstaue ich das Papier unter meinem Pulli, T-shirt oder in mein Hemd. War das hinknien schon abenteuerlich, kann das aufrichten am Unterhaltungswert kaum übertroffen werden. Besonders, wenn für mich beim Aufrichten keine Gelegenheit zum abstützen in der unmittelbarer Nähe vorhanden war.

Oft genug ist mir kurz vor dem vollständigen Aufrichten das geborgene Objekt wieder aus den Händen gerutscht und ich konnte das ganze Theater von neuem beginnen. Das kann mir nun mit der „Helfenden-Hand“ aus meinem

Zimmer, die mit einer wechselbaren leicht selbstklebender Fläche versehen wurde, nicht mehr passieren.

Das Gehör war ja schon seit meiner Kindheit durch eine Operation einseitig stark eingeschränkt. Mehrere Hörgeräte, ausschließlich Kassen-Geräte, haben nie den erhofften Erfolg gebracht. Für ein teures Selbstzahler-modell war und ist meine Rente zu gering. Somit wurde das „gesunde" Ohr im Laufe der Zeit, da es wie der Rest von mir immer älter geworden ist, immer schlechter.

Das „von den Lippen ablesen" habe ich nach einigen Übungsstunden aufgegeben. Ich war es leid immer nachzufragen ob ich es auch richtig erkannt hatte. Außerdem klappte es nur bei einem frontalen Kontakt, wenn überhaupt.

Die Hörgeräte für beide Ohren schaffen nicht den gewünschten Hörkomfort, sodass ich sie nie benutze. Das wiederum schafft mir andere Probleme.

Beim Fernsehprogramm schauen konnte ich mir mit der technischen Gegebenheit eines funkgesteuerten Kopf- bzw Ohrhörers helfen, aber als

Fußgänger im Straßenverkehr muss ich natürlich immer sehr gut beim überqueren der Straßen aufpassen.

Was mir am Anfang meiner Siebzigern schwer fiel zu akzeptieren war, dass mich meine gesamte körperliche, sprich sportliche Leistungsfähigkeit die einfachsten Dinge nicht mehr mit meiner Muskelkraft erledigen lies.

Von meine kläglichen sportlichen Trainingseinheiten im Treppenhaus meines Wohnheimes habe ich schon berichtet.

Aber bei meinem hohen alter ist das natürlich auch kein Wunder, dass die Beine nicht mehr so wollen wie sie sollen.

Warum ich aber einerseits die Dummheit vieler, vieler Menschen während der Coronapandemien als solche erkannt habe, weiß ich bis heute nicht. Hatte ich andererseits bei technischen Erklärungen oftmals kaum, bis keinen Durchblick. Besonders bei Elektrotechnik. Aber wahrscheinlich ist Dummheit einfacher und somit eher zu erkennen.

Zum Eigenschutz und zum Schutz Anderer

sollte ein Mund- und Nasenschutz außerhalb der Wohnung getragen werden. Bei meinen Aufenthalten in der City musste ich erkennen, dass etwa Zehn bis maximal Zwanzig Prozent der Menschen ihre Schutzmasken einsatzmäßig trugen. In den Geschäften konnten sie dies Masken aber aufsetzen. Eine „Erklärung die gerne genutzt wurde war: Mit der Maske (Gewicht: Wenige Gramm!!) habe man Platzangst!?

Der Satz, dass Corona klasse sei, denn es befände sich scheinbar nur in den Geschäften (denn dort wurden die Masken aufgesetzt!), wurde von vielen nicht verstanden oder ignoriert. (Da wurde wieder die Dummheit deutlich!)

Was mich aber viel mehr erschreckt hatte war, dass selbst Politiker in leitender Funktion Verhaltensweisen propagiert hatten bei denen ich mich gefragt hatte, was in deren Köpfen vorging. Es war offensichtlich, dass ihre Einstellungen und Entscheidungen vom kapitalistischen Gewinndenken gelenkt wurden und nicht vom gesundheitlichen Nutzen für die Menschen. Schließlich hatten die sie gewählt und sich auf die richtige Führungsfähigkeit ihrer Politiker verlassen. Sicherlich gab es eine ganze Reihe der Politiker die deutlich überfordert waren. Wenn es ihren Beratern ebenso erging, konnten nur blöde Entscheidungen und Anordnungen dabei heraus kommen.

Ausgerechnet in dieser schlimmen und schweren Zeit musste ich mich zwei Eingriffen im Krankenhaus zwecks Verbesserung meiner Gehfähigkeit unterziehen. An Besuche meiner Frau, die damals noch lebte, war wegen der coronabedingten Organisationsmängel, nicht zu denken. So blieb uns doch wenigstens der telefonische Kontakt über das Festnetz, also ohne Bildübertragung. Da die ganze Angelegenheit aber nach etwa Acht Tagen überstanden sein sollte, konnten wir einigermaßen gut damit umgehen.

Einen, vier Wochen später stattfind-enden Eingriff am Herz hatte ich gut überstanden und fühlte mich wie neugeboren. Nun mussten wir nur noch unbeschadet die Coronapandemie überstehen, dann konnte das Leben wieder an unsere Tür klopfen.

Was es dann auch tat.

Es waren nicht diese äußerlich sichtbaren Erscheinungsmerkmale, welche mir noch heute Sorgen machen. Vielmehr befürchte ich, das eines der wichtigen inneren Organe seinen Dienst einstellt.

Als sehr hinterlistig würde ich es empfinden, wenn dieses ohne längere Vorankündigung geschieht und die Ärzteschaft dann nicht mehr in der Lage ist, mir noch ein paar Jahre zu verschaffen. Natürlich immer unter dem Aspekt, dass ich es dann überhaupt auch noch möchte.
Es gibt nun im Alter von 120 Jahren leider oft genug Momente und Situationen, in denen ich meine Zweifel habe, ob ein höheres Alter wirklich erstrebenswert ist.

Die Coronapandemie habe ich also überlebt, aber es war in verschiedenen Situationen psychisch oft die Hölle. Zumal ich auch Probleme mit der Lunge und dem Herzen hatte. Der Herzschrittmacher war leider kein Allheilmittel. Das waren genau die Organe in denen sich die Coronaviren einnisteten. Über mir schwebte quasi immer das Schwert des Damokles. Es war ein mieses Gefühl. Hunderte Mahl habe ich in meiner Phantasie den Moment meines Ablebens in den verschiedensten Situationen vorgestellt. Ich habe mich aber immer und immer wieder gegen dies Art der Gedanken gewehrt. Zumal eine Infektion auch nicht immer zum Tode führte. Nun ja, bei mir hat es dann ja doch geklappt. So bin ich nun endlich 120 Jahre alt geworden und frage mich warum? Was habe ich noch vom Leben? Ich habe vor vielen Jahren einen Witz gehört, von dem ich damals nicht geglaubt hätte, dass er einen eigentlich doch traurigen Hintergrund hat. Ich möchte ihn hier nicht verschweigen.

„Sagt ein Arzt lobend zu einem Senior: Toll, dass Sie aufgehört haben Alkohol zu trinken, schön, dass Sie sich vom Rauchen getrennt haben und wenn ich an Ihr Herz denke ist es ebenso vorteilhaft, dass Sie dem Sex den Rücken zugewandt haben. Aber sagen Sie mir, Herr Müller(Name ist erfunden), warum wollen Sie dann eigentlich noch weiter leben?"

Wie schon erwähnt, damals habe ich

mich darüber amüsiert. Nun weiß ich aber, dass ich mir diese Frage bestimmt schon hundert Mal gestellt habe.

Ich habe mir auch sehr oft vorgestellt, wie es wohl ginge, mich selber umzubringen. Es sagt sich so leicht: Mit Schlaftabletten, mit Gift, vor einen Bus oder einen Zug werfen? Zu ertränken oder vom Dach eines Hauses springen oder aufhängen?

Für mich stand aber immer feste, dass ich mich, wenn ich mich nicht mit Schlaftabletten aus dem Leben verabschieden könnte, denn dafür benötigt man leider ein Rezept. Dass ich aber glaubhaft eine Einschlaf - Störung glaubhaft einem Arzt vorspielen kann, weiß ich nicht. Für alles andere wäre ich sicherlich zu feige.

Aber vielleicht bin ich dann auch in einer so schlechten psychischen Verfassung, dass es kaum Mut braucht, sich das Leben zu nehmen. Das wirklich einzige, was ich mir für mich theoretisch vorstellen konnte war: Verhungern!

Eine Zwangsernährung hatte ich in

meiner Patientenverfügung, wenn auch erst mit 110 Jahren schriftlich abgelehnt. Das wäre dann doch nur noch ein dahin siechen und wirklich kein Leben mehr.

Somit wäre es die einzige Möglichkeit für mich vermutlich schmerzfrei aus dem Leben zu scheiden.

Aber die letzten Gedanken würden für mich nur in Betracht kommen, wenn es mir sehr schlecht geht. Egal ob ich psychisch oder organisch betroffen bin. Beides kann einen Menschen auf seine Art in den Tod treiben. Zur Zeit ist es aber Gott sei Dank nicht so weit und ich kann mich den irdischen, total banalen Probleme die mir mein Leben versauen wollen, widmen.

Aber manches Mal frage ich mich schon, wozu lebe ich eigentlich noch.

Das Coronavirus spielt seit Zehn Jahren gottlob keine tödliche Rolle mehr. Endlich hatten die Wissenschaftler ein Medikament entwickeln können, mit dem dieses Virus vernichtet werden kann. Aber mittlerweile hatten sich die Lebensgewohnheiten dermaßen verändert und der weltweiten Situation angepasst, dass es den meisten von uns erneut schwer fiel, sich wieder in die ehemalige Form zu leben zurück zufinden. Wegen verschiedener Verord-nungen und Einschränkungen gab genau wie bei Beginn der Coronakriese Demonstrationen und Krawalle.

Da muss man sich doch fragen, was ist los mit den Menschen?

Die Verblödung in den Gehirnen muss aber deutlich zugenommen haben!

So am Rande sei bemerkt, dass es immer noch kein Medikament gegen Grippe gibt, aber Gott Lob war ja unsere Hoffnung, dass in etwa einem Jahr ein Impfstoff gegen Corona gefunden oder entwickelt werden würde nicht unbegründet!

Die Zeit blieb aber nicht stehen und so konnte der größte Teil der Menschheit erst einmal weiter leben.

Ich habe mich in meinen 70ern oft gefragt, ob das Leben wirklich im Alter noch lebenswert ist.

Das „Alte Auto"-Mensch muss an immer

mehr Stellen repariert werden. Wie bei einem Auto geben nach und nach die wichtigen Bauteile in uns Menschen ihren Geist auf. Wenn man Glück oder viel Geld hat, bekommt man neue Ersatzteile. Aber die meisten Menschen würden sich schon über guterhaltene Ersatzteile freuen.

Aber dennoch macht das Leben ab einem bestimmten körperlichen Zustand keinen Spaß mehr.

Ich erinnere mich daran, dass mich oft Gedanken an einen Selbstmord beschäftigte, Ich war oft, bedingt durch meine gesundheitlichen Einschränkungen, ziemlich deprimiert und immer öfter schlecht gelaunt. Wenn etwas nicht gelang, selbst bei Kleinigkeiten, ärgerte mich das dermaßen, dass ich mich irgendwann fragte, warum bin ich so unzufrieden? Zumal ich auch gelesen hatte, dass die Freude am Leben ein wichtiger Teil ist, der ein langes Leben ermöglicht. Ich hatte mich sogar um eine Psychotherapie bemüht, aber mit einem aktuellem Problem braucht man bei dieser Gilde von Medizinern gar nicht zu kommen. Aber wer Glück hat, hält sein seelisches Dilämmer mindestens sechs Monate fest, denn so lange ist im allgemeinen die Wartezeit auf einen Termin. Dann weiß man aber immer noch nicht ob sich auch ein notwendiges Vertrauensverhältnis einstellt. Wenn nicht, muss erneut mit einer Wartezeit von ca. sechs Monate gerechnet werden. Dann beginnt die ganze Sache von neuem.

Unter Umständen ist der oder die Patient/in, je nach Lage der Not, schon aus dem Leben geschieden!

An dieser Stelle möchte ich die, sicherlich kaum durchführbare Forderung stellen:

Für Menschen ab dem Rentenalter oder Patienten, die ebenfalls auf Grund einer Erkrankung nicht mehr lange zu leben haben, bei der Terminierung von Behandlungen, bevorzugt behandelt werden. Beispiel:

Bei einem Mann wird bei einer Routine-untersuchung an einem Freitag festgestellt, dass seine Nierenwerte nicht in Ordnung sind. Der Hausarzt überweist ihn drei Tage vor dem Quartalsende an den zuständigen Facharzt.

Der Mann geht nach Hause und erkennt beim Blick in seinen Terminkalender, dass er am einzigen noch verbleibenden Tag, den kommenden Montag, schon einige Termine hat. Dennoch versucht er durch einen Anruf noch für den Montag einen Termin bei dem Facharzt zu bekommen. Mit an Sicherheit grenzender Wahrscheinlichkeit wird ihm, je nach Fachgebiet des Arztes einen oder mehrere Termine in frühestens 4 Wochen angeboten. Bei Psychologen sind es nicht selten 6 bis 10 (!) Monate, die sich der Mann gedulden muss.

Nun Steht der Patient vor folgendem Werdegang: Ihm ging es offensichtlich vor der Routineuntersuchung gut.

Nun hatte ein Hausarzt ein Problem mit seinen Nieren entdeckt. Natürlich macht er sich Sorgen. Die Terminierung beim Nephrologen (!), so nennen sich die Nierenärzte, hat eine Wartezeit von 3 Wochen ergeben.

In der Zeit erfährt er aus dem Fernseher, dass ein berühmter Politiker im Alter von 63 Jahren an einem Krebsleiden, das mit defekten Nieren begonnen hat, verstorben ist.

Wenn der Mann nicht ganz dumm ist, zieht er Parallelen zu seinem, plötzlich negativ verändertem, Gesundheitsstatus.

In den nächsten Tagen muss er immer wieder an den toten Politiker und seine eigenen problematischen Nieren denken.

Ich hatte ja das altern meiner Mutter kennen gelernt, aber ob sie ebenfalls an der Altersdepression litt, habe ich nie erfahren. Ich wusste damals nicht einmal, dass es so etwas gab.

Dass sie später an Alzheimer erkrankte war unter Umständen noch die bessere Lösung für sie. Bei meinen Besuchen in ihrer Wohnung war sie immer guter Dinge. Das hat mir natürlich das Leben auch um einiges erleichtert. Ein Pflegedienst kam 3x am Tag. Dazu auch noch vom Pflegedienst wurde das „Essen auf Rädern" geliefert.

Aber das ist ein anderes Thema.

Als ich knapp über 70 Jahre alt war, ging´s mit meiner Gesundheit, so wie ich sie immer kannte bergab.

Damals habe ich erkannt, dass eine

Angeberei, die sich in den Worten: „Das mache ich noch mit Links(!)“, meistens als Fehleinschätzung der eigenen Leistungsfähigkeit heraus stellte.
Eine Bewegung die der Rücken schon etliche tausend Mal gemacht hat, kann ab etwa 65 Jahren sich zu einer schmerzhaften Angelegenheit entwikkeln.
Dabei kann der nicht mehr so elastische Muskel diese „falsche Bewegung“ nicht mehr auffangen. So werden die Nerven im Muskel oder um den Muskel herum stärker als sonst gedehnt, oder gestaucht. Das kommentiert dann der Muskel mit Verspannungen, und die Nerven wehren sich vorsichtshalber mit Schmerzen. Dass diese unter Umständen chronisch werden können, ist das Ende der Erkenntnis, dass man eventuell vieles nicht mehr mit „Links“ schafft.
Aber auch die geistigen Fähigkeiten geben mir Heute noch oft große Rätsel auf.
Ich erinnere mich an eine Begebenheit als ich 71 Jahre alt war.
Ich habe in einer Werbung ein Gerät gesehen, von dem ich äußerlich nicht

erkennen konnte, um was es sich handelte.
Es war ein ERAZER X67128 Gaming-Pc, Intel Corei5-9400Prozessor, NIVIDIA GeForce RTX2060; 1TBPCle SD;16 GB DDR4 Arbeitsspeicher.
Noch Fragen?
Sie haben alles verstanden?
Dann sind Sie noch deutlich jünger als ich es damals war, oder das Intelligenz-Niveau hat sich in den letzten 50 Jahren um ein Vielfaches erhöht. Ich habe damals nicht erkannt, wovon, bei der Bezeichnung der Ware, eigentlich die Rede war. Heute weiß ich, dass es sich um einen Computer handelte. Es war damals im Jahr 2020 oft so üblich, Waren so zu präsentieren.

Was ich mit diesem Beispiel sagen will ist die Tatsache, dass das Gehirn ebenso wie alle anderen Teile des Körpers in seiner Leistungsfähigkeit stark beeinträchtigt wird. Ein Gehirntraining hilft bei dem verstehen von technischen Abläufen mit den dazugehörenden Bezeichnungen nur wenig. Das Gehirntraining ist sicherlich eine gute Sache um sich an

Dinge oder Begebenheiten zu erinnern, aber das technische Verstehen oder Zusammenhänge zu begreifen, wird dadurch nicht mehr zurück gebracht.

Ein anderes Thema ist die Altersarmut

Trotz der Fortschritte im Gesundheitswesen, ist die finanzielle Situation bei uns Senioren leider nicht zufrieden-stellend. Auch wenn Freifahrten mit den öffentlichen Verkehrsmitteln für Menschen über 65 Jahren mittlerweile zum täglichen Leben gehört, sind aber viele Dinge deutlich teurer geworden. Die einfachen Verbrauchsgüter wie Seife, Zahncreme, Waschpulver, sowie anspruchslose Nahrungsmittel, wie Kartoffeln, Brot, Margarine, Dauerwurst unterliegen ja noch einer Preisbindung. Manches mal ist auch etwas Fleisch im Angebot. Freiverkäufliche Hilfs- und Pflege-mittel für Senioren werden erst nach einer Antragstellung bei den persönlichen Krankenkassen unter bestimmten Umständen bezuschusst. Wenigstens muss man für Bedürfnisse dieser Art nicht mehr zu einer Zweigstelle oder Niederlassung begeben. An den sprichwörtlichen - allen Ecken - befinden sich ja laptopähnliche, aber kostenlose Internetzzugänge.

Wenn Sie aber etwas haben möchten was nur irgendwie eine Ähnlichkeit mit einem „Luxusartikels" hat ist für die meisten von uns nur mit einer Zeit der Sparsamkeit zu erreichen.
Großzügige Teilnahme am Konsum ist für uns Senioren nicht oder kaum möglich. Ich muss gestehen, dass mir dieser Bereich des Lebens absolut nicht gefällt.

Persönliche Veränderungen
Mir ist aufgefallen, dass sich im Alter die Essgewohnheiten in den meisten Fällen deutlich verändern. Menschen, welche in jüngeren Jahren gerne reichlich Fleisch gegessen hatte, mussten, so wie ich, erkennen, dass die Portionen, die es zu verspeisen galt, deutlich geringer wurden. Dabei spielte es keine Rolle, ob es sich um eines der Lieblingsgerichte handelte oder nicht. Es ging einfach nicht mehr hinein.
Ich konnte hören wie ein Mann mit etwa 70 Jahren zu seinem Tischnachbarn

meinte, dass er früher oft und gerne Fisch gegessen habe, aber plötzlich wollte er keinen dieser Tiergattung mehr essen. Dafür aber hatte er nun lieber ein Stück Fleisch auf dem Teller. Als ich noch über das Gehörte nachdachte, wurde mir Bewusst, dass ich mich ebenfalls in solch einer Phase befand. Bei mir war es nur umgekehrt. Je länger ich mir darüber meine Gedanken machte, um so mehr wurde es mir bewust, dass sich einiges in meinen Essgewohnheiten verändert hatte. Die Größe der Portionen und bestimmte Gewürze, die mich früher nur am Rande interessierten, rückten immer mehr in den Mittelpunkt. Als Beispiel sei hier auf das Gewürz Curry verwiesen. Irgend wann kam an fast all meine Mahlzeiten Curry! Das ist Gott sei Dank mittlerweile wieder seit gut 30 Jahren vorbei und hat sich wieder normalisiert.
Für das Trinken hat sich etwas ähnliches begeben. Habe ich früher gerne Kaffee getrunken, trinke ich heute lieber eine Tasse mit einem, der zahlreichen gesundheitsfördernden Tees. Dem Alkohol hatte ich ja schon im Jahr 2000 abgeschrieben.

Worunter ich, wie viele Altersgenossen, wohl immer zwangsläufig leiden (zumindest zu einem großen Teil) ist, die Altersdepression.
Bei aller Freude über das erreichte Alter, rechnet man doch nur noch mit der Ungewissheit, wie lange oder kurz, das Leben nun noch sein wird.
Beinahe an jedem Morgen frage ich mich, ob ich den Abend noch erlebe.
Besonders schlimm ist es wenn ich schon morgens mit irgendwelchen Beschwerden in meinem Körper zu kämpfen habe.
Vor meinen Augen habe ich dann sehr oft ein Maßband von eineinhalb Meter Länge.
In der Zeit, als ich beim Militär Dienst machte und die Zeit zu Ende ging, hatten wir ab einer noch abzuleistenden Menge an Diensttagen ein solches Maßband und schnitten bis zur Entlassung jeden Tag einen Zentimeter ab. Das war natürlich eine positive Zeitrechnung. Hätte ich das schon mit 75 Jahren gemacht, und ich eine Altersgrenze von 80 Jahren angenommen, würde ich jedes Jahr einen Zentimeter abschneiden und der verbleibende Rest wäre immer kürzer

geworden, was in diesem Fall natürlich nicht so positiv wäre.
Nun ist es aber so gewesen, dass ich dieses „blöde" Maßband immer vor Augen hatte. Besonders dann, wenn ich die Zeit in Arztpraxen und Geschäften mit warten verbringen musste.
Wer meint Arbeitslose und Rentner haben immer Zeit, hat erkennbar nicht Recht!
Bei den Arbeitslosen mag es vielleicht noch stimmen, aber bei uns stimmt das garantiert nicht mehr, denn Zeit (Lebenszeit) wird immer weniger. Als ich im Alter von 72 Jahren mir den kläglichen kurzen Rest von 13cm Länge meines fiktives Maßbandes das einmal 85 cm für 85 zu erreichende Lebensjahre lang war, Stimmte mich das sehr, sehr traurig. Zumal es nicht unbedingt gesagt war, dass ich so alt werden würde. Als ich dann diesen Geburtstag bei einigermaßen guter Gesundheit erleben durfte, peilte ich mit Erfolg die Hundert an. Bei meinem 110.Geburtstag habe ich aufgehört mir über dieses Thema Gedanken zu machen.
Um so erstaunter bin ich nun, dass ich scheinbar unsterblich bin!!

Wie sieht die Welt nun aber für unsere Nachkommen zukünftig aus?
Immer mehr Menschen leben jetzt schon immer länger, aber arbeiten weiterhin nur bis zu einem Alter von 60 bzw 65 Jahren.
Die unzufriedene Stimmung in den jungen Generationen ist durchaus nachvollziehbar. Die Zahlen der statistischen Ämter bestätigen eine immer kleiner werdende Zahl der arbeitenden Bevölkerung. Die wiederum muß dann für die immer größer werdende Menge Senioren Gelder in den Sozialversicherungen auf bringen. Da kann man sich ausrechnen wie lange das gut gehen wird, bis es zu Revolten der neueren Art geben wird.

Sind Roboter richtig und wichtig?
Roboter sind heute schon aus vielen Bereichen der Wirtschaft nicht mehr wegzudenken. Das wiederum bedeutet, dass es immer mehr arbeitsfähige Menschen geben wird, aber immer weniger Arbeit. Es wird sicher nicht schwer sein auszurechnen, wie lange es dauert, bis das soziale Gefüge auf großen Teilen der Erde zusammen brechen wird.

Die Freizeitaktivitäten werden sich ebenfalls in vielen Bereichen verändern. Leider nicht nur zum Besten. Weniger Arbeit bedeutet weniger Geld, weniger Geld bedeutet weniger Freude in der Freizeit, das wiederum ist gleichbedeutend mit weniger Absatz in der Wirtschaft. Was nützten längere Öffnungszeiten, wenn die Leute kein Geld haben um es auszugeben?.
Daraus resultiert, dass die Menschen unzufrieden werden. Alkoholmissbrauch wird sich vermehren. Ebenso wie es immer mehr Frustesser und dementsprechend auch übergewichtige geben wird.
Die Liste der Krankheiten, die durch Übergewicht wieder auftreten, wird immer länger. Da müssen die Politiker weltweit sich viel einfallen lassen um die Menschheit zufrieden zu stellen. Die Angelegenheit Menschen auf den Mars umzusiedeln hat leider immer noch keinen großen Fortschritt gemacht.
Zwar haben die ersten Forscher 2030 als erste Menschen auf dem Mars die ersten Sondierungen vorgenommen, aber danach waren die Bemühungen für uns Normalbürger offensichtlich

eingeschlafen. Doch Fünf Jahre später, also 2035 konnten mit den ersten Städteplanungen in die Realität umgesetzt werden. Nach weiteren Fünf Jahren war die Planung beendet und die inzwischen vorgefertigten Bauelemente konnten zum Mars befördert werden. Nun sind weitere Dreißig Jahre vergangen, und eine beachtliche Anzahl von Ausgesuchten Berufstätigen aller Branchen mit ihren Familien, soweit vorhanden, konnten als die ersten Siedler auf dem Mars ihr Leben fortsetzen.
Leider konnte ich, wegen meines Alters diesen Sprung zum Mars nicht mehr machen. Zunächst wurden nur berufsfähige, junge und vor allen Dingen gesunde Menschen auf den Mars gebracht.
Auf jeden Fall tat diese Planung und Umsetzung der Wirtschaft in allen Belangen gut und wurde angekurbelt wie lange nicht. Es wurde auf allen Produktionsebenen auf Vorrat gefertigt.

Wenn die Produktion auf dem Mars beginnt, wird es hier auf der Erde ungemütlich

Deswegen werden schon Heute Rufe laut, die sich die Vergangenheit zurück wünschen.
Das kann aber nicht das sein, was man sich wirklich wünschen sollte.

Wenn ich mir so meine Gegenwart betrachte und mir die Frage stelle, ob ich noch länger leben möchte, muss ich sagen, es war eine tolle Zeit der neuen technischen und medizinischen Entwicklung.
Aber auch hat es in den zwischenmenschlichen Verhaltensweisen eine Entwicklung zum Positiven gegeben. Ausgenommen vom Bereich der sozialen, aber durchaus berechtigten Verstimmung.
Ich bin dankbar dass ich in vielen Bereichen an den Entwicklungen auf der Erde teilnehmen durfte.

Wenn ich mich nun dem Titel gemäß entscheiden muss, ob ich weiter leben möchte, und weitere nicht so angenehme Zeiten durchleben möchte, so sage ich ganz klar:

ja!

„Niederschläge", die ich erleben musste, waren eigentlich nichts, im Vergleich zu dem was viele andere Menschen auf der Welt durchmachen mussten!